CITY|TRIP
DUBLIN

Inhalt

Exkurse zwischendurch

Praktische Reisetipps 103

Anhang 119

Cityatlas 131

Hans-Günter Semsek, Lars Kabel, Astrid Fieß

CITY|TRIP
DUBLIN

Nicht verpassen!

5 Trinity College [J7]
In der alten Bibliothek befindet sich das aus dem 8. Jh. stammende *Book of Kells,* das zu den größten Schätzen der Christenheit gehört. Im Long Room stehen 200.000 in Schweinsleder gebundene Bücher (s. S. 54).

7 National Gallery [K7]
Die National Gallery zeigt Gemälde aller großen europäischen Meister vom 14. bis zum 19. Jh (s. S. 58).

8 Natural History Museum [K8]
Das Museum macht mit der Flora und Fauna nicht nur der „Grünen Insel" bekannt – über 10.000 Spezies bilden den Bestand der naturhistorischen Sammlung (s. S. 59).

10 Leinster House [J8]
Im Leinster House tagt das irische Parlament, dem man bei den hitzigen Debatten zusehen darf (s. S. 59).

11 National Museum – Archeology [J8]
Im Museum staunt der Besucher über großartige archäologische Exponate, dazu die größte Sammlung keltischer Artefakte (s. S. 60).

27 Guinness Storehouse [E7]
Hier wird der interessierte Bierfreund mit der Produktion und Geschichte des berühmten Gerstensaftes vertraut gemacht (s. S. 71).

28 Kilmainham Gaol [A7]
Einblick in die gewaltsame jüngere Vergangenheit Irlands: Hier kerkerten die Briten irische Widerstandskämpfer ein und exekutierten sie (s. S. 73).

36 Dublin Writers' Museum [H4]
Das Dublin Writers' Museum eht mit einer schönen Ausstellung die großen irischen Literaturgiganten wie George Bernard Shaw oder James Joyce (s. S. 81).

37 Dublin City Gallery The Hugh Lane [H4]
Die Galerie stellt nicht nur Bilder renommierter Künstler aus, sondern zeigt außerdem herausragende Gemälde meist französischer Impressionisten (s. S. 85).

39 Old Jameson Distillery mit Smithfield Chimney [F6]
In den alten Produktionsanlagen kann man sich ein Bild davon machen, wie der Geschmack in den Whiskey kommt. Auf den alten Schornstein der Destille wurde ein rundes Glashaus gesetzt (s. S. 86).

Leichte Orientierung mit dem cleveren Nummernsystem
Die Sehenswürdigkeiten der Stadt sind zum schnellen Auffinden mit **fortlaufenden Nummern** versehen. Diese verweisen auf die ausführliche Beschreibung **im Kapitel „Dublin entdecken"** und zeigen auch die genaue Lage **im Stadtplan.**

Benutzungshinweise

Cityatlas und City-Faltplan

Die im Buch beschriebenen Örtlichkeiten wie Sehenswürdigkeiten, Restaurants, Hotels, Cafés usw. sind im Kartenmaterial mit Symbol und Nummer eingetragen.

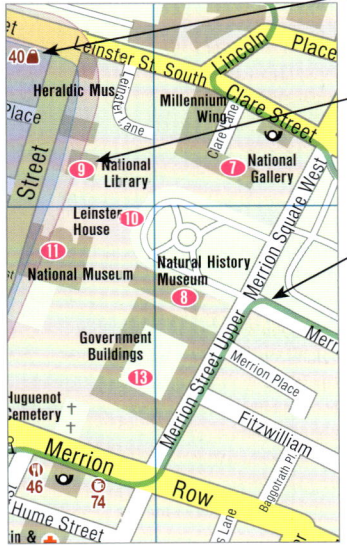

Orientierungssystem

Zur schnelleren Orientierung tragen alle Hauptsehenswürdigkeiten und Lokalitäten sowohl im Text als auch im Kartenmaterial die gleiche Nummer:

🛇**40** Mit Symbol und fortlaufender Nummer werden die sonstigen Lokalitäten wie Cafés, Geschäfte, Hotels, Infostellen usw. gekennzeichnet.

9 Mit einer fortlaufenden magentafarbenen Nummer sind die Hauptsehenswürdigkeiten gekennzeichnet. Steht die Nummer im Fließtext, verweist sie auf die Beschreibung dieser Sehenswürdigkeit im Kapitel „Dublin entdecken".

› Die farbige Linie markiert den Verlauf des Stadtspaziergangs (s. S. 14).

[K7] In eckigen Klammern steht das Planquadrat im Kartenmaterial, in diesem Beispiel Planquadrat K7.

Ortsmarken ohne Angabe des Planquadrats liegen außerhalb des Kartenmaterials. Sie können aber wie alle Örtlichkeiten in unseren speziell aufbereiteten Luftbildkarten auf der Produktseite dieses Buches unter www.reise-know-how.de lokalisiert werden.

Telefonvorwahl

› Die Vorwahl Dublins lautet 01. Die Ländervorwahl Irlands ist die 00353.

› Für Telefonate aus Irland ist die Vorwahl nach Deutschland 0049, nach Österreich 0043 und in die Schweiz 0041.

Bewertung der Sehenswürdigkeiten

★ ★ ★   auf keinen Fall verpassen
★ ★   besonders sehenswert
★   wichtige Sehenswürdigkeit für speziell interessierte Besucher

Bildnachweis

Die Kürzel an den Abbildungen stehen für folgende Fotografen, Firmen und Einrichtungen. Wir bedanken uns für die freundliche Abdruckgenehmigung.

fo   Fotolia.com
hg und Coverbild
            Hans-Günter Semsek (Autor)
S. 2   Melittea Photo – Fotolia.com
ti   Tourism Ireland Imagery

Impressum

Hans-Günter Semsek

CityTrip Dublin

erschienen im
REISE KNOW-HOW Verlag Peter Rump GmbH,
Osnabrücker Str. 79, 33649 Bielefeld

© Peter Rump 2008, 2010
**3., neu bearbeitete und komplett
aktualisierte Auflage 2012**
Alle Rechte vorbehalten.

ISBN 978-3-8317-2245-7
PRINTED IN GERMANY

Aktualisierungsredaktion dieser Auflage:
Lars Kabel, Astrid Fieß
Herausgeber: Klaus Werner
Lektorat: amundo media GmbH
Layout: Günter Pawlak (Umschlag),
Anna Medvedev (Inhalt)
Karten: Ingenieurbüro B. Spachmüller,
amundo media GmbH
Druck und Bindung: Media-Print, Paderborn
Fotos: siehe Bildnachweis s. S. 5
Anzeigenvertrieb: KV Kommunalverlag
GmbH & Co. KG, Alte Landstraße 23,
85521 Ottobrunn, Tel. 089 928096-0,
info@kommunal-verlag.de

Dieses Buch ist erhältlich in jeder Buchhandlung Deutschlands, der Schweiz,
Österreichs, Belgiens und der Niederlande.
Bitte informieren Sie Ihren Buchhändler
über folgende Bezugsadressen:

Deutschland: Prolit GmbH, Postfach 9,
D-35461 Fernwald (Annerod)
sowie alle Barsortimente
Schweiz: AVA Verlagsauslieferung AG,
Postfach 27, CH-8910 Affoltern
Österreich: Mohr Morawa Buchvertrieb
GmbH, Sulzengasse 2, A-1230 Wien
Niederlande, Belgien: Willems
Adventure, www.willemsadventure.nl

Wer im Buchhandel kein Glück hat,
bekommt unsere Bücher auch über
unseren Büchershop im Internet:
www.reise-know-how.de

Latest News

Unter **www.reise-know-how.de** werden
aktuelle Ergänzungen und Änderungen
der Autoren und Leser zum vorliegenden
Buch bereitgestellt.
Sie sind auf der Produktseite dieses
CityTrip-Titels abrufbar.

Das Beste auf einen Blick

001du Abb.: hg

Dublin an einem verlängerten Wochenende

Viele der Sehenswürdigkeiten Dublins liegen im überschaubaren Innenstadtbereich, sodass man auf einem Spaziergang (s. S. 14) gleich eine ganze Anzahl von Highlights besuchen kann. Sollte man nur einen Tag oder ein verlängertes Wochenende in Dublin sein, so helfen die folgenden gezielten Vorschläge für einen ersten Überblick über die irische Metropole.

Oder aber man beginnt die Tour mit einer **Stadtrundfahrt** (s. S. 113), steigt an einer interessanten Sehenswürdigkeit aus und hüpft nach der Besichtigung in einen der nächsten Tourbusse, die im zehnminütigen Rhythmus durch Dublin fahren. Das Ticket ist den ganzen Tag lang gültig.

1. Tag

Morgens

Da nahezu alle Sehenswürdigkeiten nicht vor 9.30 Uhr öffnen, sollte man sich die Zeit gönnen und im traditionsreichen Bewley's Oriental Café (s. S. 21) ein **Frühstück** einnehmen.

Gestärkt lässt sich der Vormittag für einen **Spaziergang** von Süd nach Nord durch Dublins Innenstadt nutzen (s. S. 14) oder man bleibt vor Ort und flaniert durch die verkehrsberuhigte **Grafton Street** ❸ mit ihren exklusiven Geschäften, um bei dieser Gelegenheit die eine oder andere Kleinigkeit für die Daheimgebliebenen erstehen. Abschließend lohnt im nahe gelegenen **Trinity College** ❺ ein Blick auf einen der Schätze des Abendlandes, das *Book of Kells*.

◀ *Vorseite: Fantastischer Ausblick aus der Gravity Bar im Guinness Storehouse* ㉗

Mittags

Nur einen Steinwurf vom Trinity College entfernt liegt der **Temple-Bar-Bezirk**, das lebhafteste Viertel der Metropole mit seinen vielen Pubs, Klubs, Lokalen und Boutiquen. Im Restaurant Botticelli (s. S. 21) oder, wer es vegetarisch mag, im Cornucopia (s. S. 21) kann man den **Lunch** nehmen und daran anschließend den kleinen Stadtteil etwas genauer unter die Lupe nehmen.

Es lohnt sich, einfach die Straßen entlang zu flanieren und in die Atmosphäre einzutauchen. Auch wer ein ungewöhnliches Mitbringsel sucht, wird in den vielen kleinen Läden in diesem Bezirk sicher fündig. Vielleicht hat man auch noch Zeit dafür, einen Blick in die Gallery of Photography ⑮, in das National Photographic Archive ⑯ oder in das Irish Film Institute ⑲ zu werfen.

Lohnend ist außerdem ein Blick auf den Icon Walk (Bedford Lane, Aston Place und Price's Lane zwischen Aston Quay und Fleet Street), einer Art moderner Galerie. Ins Leben gerufen von der Icon Factory, einer lokalen Künstlerkooperative, findet man hier Wandmalereien verschiedener Dubliner Künstler, die berühmte irische Persönlichkeiten aus der Geschichte und dem öffentlichen Leben (z. B. Sport, Politik, Musik, Mode, Literatur, Film und Theater) zeigen. Außerdem gibt es erklärende Texte und man kann einiges über das irische und Dubliner Selbstverständnis erfahren.

Wer am Vormittag die Stadt mit einem Rundgang (s. S. 14) erkundet hat, kann vom Endpunkt des Spaziergangs, dem **Millennium Spire** ㉜, nördlich zum Parnell Square gehen. Hier hat das **Dub-**

lin Writers' Museum ㊱ seinen Sitz und macht mit vielen irischen Literaturnobelpreisträgern, aber auch auch jenen Romanciers bekannt, die diese Auszeichnung nicht bekommen, nichtsdestotrotz aber große Literatur hervorgebracht haben. Einige Häuser weiter lockt die **Hugh Lane Gallery** ㊲, d e zeitgenössische Maler ausstellt, aber auch eine permanente Sammlung hervorragender Impressionisten besitzt und das Atelier von Francis Bacon zeigt.

Oder man bewegt sich vom **Millennium Spire** ㉜ Richtung Fluss Liffey. Hier lohnt ein Abstecher an den Custom House Quay am Ufer des Liffey, um das Famine Memorial, Skulpturen, die an die große Hungersnot im 19. Jahrhundert erinnern, und das **Jeanie Johnston Tall Ship & Famine Museum** ㉛ zu besuchen. Letzteres kann im Rahmen einer sehr informativen Führung besichtigt werden.

Abends

Zum abendlichen **Dinner** könnte man im L'Ecrivain (s. S. 23) einkehren, das der Michelin mit einem Stern geadelt hat, oder in das äußerst gemütliche Lokal Peploe's (s. S. 23).

Wenn danach die Energie noch reicht und der Schlaf den Besucher noch nicht übermannt hat, lohnt ein **Pubbesuch,** so etwa im Mulligan's (s. S. 24) , das aus der Mitte des 18. Jh. datiert, oder, wenn man Livemusik möchte, im O'Donoghue's (s. S. 24).

▶ *Die Statue des Gewerkschaftsführers Jim Larkin in der O'Connell Street. Im Hintergrund die Stahlnadel des Millennium Spire* ㉜

2. Tag

Morgens

Mit dem Bus geht es zum **Guinness Storehouse** ㉗, wo man sich über die Produktion des berühmten schwarzen Bieres informieren kann. Einige Stationen weiter erreicht man das ehemalige Gefängnis **Kilmainham Gaol** ㉘, in dem viele irische Revolutionäre und Freiheitskämpfer einsaßen und hingerichtet wurden.

Dublin an einem verlängerten Wochenende

Mittags

Ein Fußweg führt zum nahegelegenen Royal Hospital Kilmainham, in dem das **Irish Museum of Modern Art** 🔴29 untergebracht ist. Im Museumscafé kann man erst einmal einen kleinen Lunch einnehmen, um sich dann gestärkt der zeitgenössischen Kunst zu widmen.

Mit dem Bus oder der Luas-Straßenbahn geht es dann zurück in die City, wo eines der drei Museen rund um den **Merrion Square** genauer unter die Lupe genommen werden sollte. Zur Auswahl stehen die National Gallery 🔴7, das National Museum – Archeology and History 🔴11 oder das Natural History Museum 🔴8.

Abends

Ein Besuch in einem der vielen **Theater** der Stadt – z. B. im Abbey Theatre (s. S. 27), der nationalen Schauspielstätte, in dem die klassischen Stücke der irischen Dramatiker auf die Bühne kommen – rundet den Tag sicherlich gut ab.

3. Tag

Morgens

Dublin Castle 🔴21, das allerdings keinen sehr wehrhaften Eindruck mehr macht, sollte trotzdem von innen besichtigt werden, denn es gibt eine ganze Menge zu sehen. Auch die **Chester Beatty Library** 🔴22 auf dem Gelände der Burg ist ein Muss, vor allem für bibliophile Besucher.

Einen Steinwurf entfernt ragt die **Christ Church Cathedral** 🔴23 in den Himmel und lohnt einen Rundgang. Im alten Bischofspalast neben dem Gotteshaus kann man in der Ausstellung **Dublinia** 🔴24 viel über die Entstehung Dublins erfahren. Auch Kinder kommen hier auf ihre Kosten.

Mittags

Der Lunch sollte nahebei im Brazen Head Hotel (s. S. 25) eingenommen werden. Dies ist keine Nobelherberge, sondern **Dublins älteste Taverne**, die aus dem Jahr 1198 datiert, also sich seit gut 800 Jahren um die Hungrigen und Durstigen in Irlands Hauptstadt sorgt.

Wenn man hier den Fluss Liffey kreuzt, trifft man auf die Gleise der Luas-Straßenbahn und kann mit Dublins neuestem Verkehrsmittel ins Viertel Smithfield fahren. Dort verspricht eine Besichtigung der **Old Jameson Distillery** 🔴39 tiefe Einblicke in die Herstellung des Whiskeys.

Wenige Luas-Stationen weiter erreicht man anschließend die **Collins Barracks** 🔴42, in denen die Bestände des Museums der dekorativen Künste untergebracht sind. Ein kurzer Fußweg führt von den Barracks aus zum Eingang des **Phoenix Park** 🔴43, mit 700 ha Gesamtfläche einer der größten innerstädtischen Landschaftsgärten der Welt. Kinder lockt der sich auf dem Gelände befindende Dubliner Zoo.

Abends

Den letzten Abend in Dublin sollte man noch einmal mit einem schönen Dinner abschließen, z. B. im Chapter One Restaurant am Parnell Square (s. S. 21) oder, wenn es etwas preiswerter sein soll, im Ar Vicoletto (s. S. 21) im Tempel-Bar-Bezirk. Mit einem letzten Spaziergang am Ufer des Liffey lässt es sich gut Abschied nehmen von der Stadt – man kommt ja ganz bestimmt wieder …

▶ *Das größte Spektakel des Jahres: Umzug beim St. Patrick's Festival*

002du Abb.: ti

Zur richtigen Zeit am richtigen Ort

Winter/Frühjahr

> **Jameson Dublin International Film Festival:** Ein zweiwöchiges Filmfestival im Februar, während dem irische und ausländische Regisseure ihre neuen Streifen dem irischen Publikum präsentieren. Alle Kinos der Metropole sind in das Ereignis mit einbezogen (Tel. 01 6624260, www.jdiff.com).

> **St. Patrick's Festival:** Der 17. März ist der Geburtstag des irischen Nationalheiligen und für vier Tage feiern die Iren mit Umzügen in den Straßen und huldigen in den Pubs der Metropole ihren heiligen Patrick. Die Dubliner sind dann, wie sie selber sagen, „außen grün und innen blau", zu den vielen Darbietungen gehört

auch das dreitägige Guinness Fleadh Musikfestival in Temple Bar (Tel. 01 6763205, www.stpatricksday.ie).

> **Händels „Messias":** Händels gewaltiges Oratorium wurde am 13. April 1742 in Dublin zum ersten Mal aufgeführt. Seit einigen Jahren gedenkt man dieses Ereignisses mit einer prachtvollen Galavorführung des klassischen Musikstücks in der Neal's Music Hall (Fishamble Street, Temple Bar, Infos: Tel. 01 6772255).

> **Dublin Dance Festival:** Zweiwöchiges internationales Tanzfestival im Mai, das sich besonders dem modernen Tanz widmet (www.dublindancefestival.ie).

Gesetzliche Feiertage

> 1. Januar (Neujahr)
> 17. März (St. Patrick's Day)
> Ostermontag (Zu Ostern beachten: Obwohl Karfreitag kein gesetzlicher Feiertag ist, haben viele Geschäfte dann geschlossen.)
> Erster Montag im Mai (Bank Holiday)
> Erster Montag im Juni (Bank Holiday)
> Erster Montag im August (Bank Holiday)
> Letzter Montag im Oktober (Bank Holiday)
> 25./26. Dezember (Weihnachten)

Sommer

> **Women's Mini-Marathon:** Ein 10 km langer Straßenlauf im Juni nur für Frauen. Die Einnahmen kommen wohltätigen Zwecken zugute (Tel. 01 2930984, www.womensminimarathon.ie).
> **Dublin Pride:** Einwöchiges Festival der Lesben und Schwulen an verschiedenen Örtlichkeiten der Stadt, Höhepunkt ist die Parade entweder am letzten Sonntag im Juni oder am ersten Sonntag im Juli (www.dublinpride.org).
> **Oxegen:** Großes Musikfestival am ersten Wochenende nach dem 12. Juli am Punchestown Racecourse im County Kildare. Dublin Bus bietet vom Parnell Square West alle 20 Minuten einen Shuttleservice dorthin an (Tel. 0818 903001, www.oxegen.ie). **Pausiert 2012.**
> **Liffey Swim:** Ende Juli schwimmen Hunderte von Iren von der Rory O'Moore Bridge bis zum Custom House für 2,5 km den River Liffey hinunter.
> **Electric Picnic:** Dreitägiges Musikfestival im August auf Stradbally Castle im County Laois (Tel. 0818 903001, www.electricpicnic.ie).

Herbst

> **Dublin Fashion Festival:** Anfang September zeigt das Modefestival eine Woche lang alles, was der Laufsteg zu bieten hat (Tel. 01 6334680, www.dff.ie).
> **Mountains to Sea DLR Book Festival:** Ebenfalls Anfang September findet in Dún Laoghaire südlich von Dublin dieses literarische Ereignis statt. Zusätzlich zu Autorenlesungen und Buchvorstellungen werden Schreibwerkstätten und andere Kurse geboten. Erreichbar am besten mit dem DART oder mit den Bussen 7, 7a, 45a, 46b, 46x, 59, 75, 111, 145, 746 (www.mountainstosea.ie).
> **Absolut Fringe:** Das Fringe Festival geht dem Theaterfestival (s. u.) voraus und bietet innerhalb von drei Wochen im September über 700 Theateraufführungen (Tel. 1850 374643, www.fringefest.com).
> **Dublin Theatre Festival:** Zweiwöchiges, größtes europäisches Theaterfest Ende September bis Anfang Oktober in allen Sälen der Metropole (Tel. 01 6778439, www.dublintheatrefestival.com).
> **Culture Night:** Ende September öffnen in ganz Irland Museen, Galerien, Herrenhäuser, Kulturzentren und Kirchen für eine Nacht gratis ihre Türen für die Besucher. Allein in Dublin sind über 150 Kulturorte geöffnet und bieten zusätzlich zu den normalen Attraktionen Konzerte, Führungen oder Lesungen an. Um zu den Veranstaltungsorten zu gelangen, fahren zwischen 18 und 23 Uhr spezielle Buslinien (Tel. 01 6772255, www.culturenight.ie).
> **Dublin City Marathon:** Am letzten Montag im Oktober lassen es sich viele Iren und Besucher der Metropole nicht nehmen, an dem 42-km-Lauf teilzunehmen. Die Läuferschar wächst jedes Jahr um mehr Teilnehmer an, das Ziel liegt auf der O'Connell Street (Tel. 01 6232250, www.dublinmarathon.ie).

Auf ins Vergnügen

005du Abb.: ti

Dublin für Citybummler

Stadtspaziergang

Für ein erstes Kennenlernen der irischen Metropole bietet sich ein **Spaziergang von Süd nach Nord** durch die überschaubare Innenstadt an. Es erwarten den Citybummler mit georgianischen Fassaden geschmückte Straßenzüge, ein ehrwürdiges Universitätsgelände, ein legendäres Kneipenviertel und nicht zuletzt lebhafte Shoppingmeilen.

Dublins **innerstädtische Hauptachse** beginnt im Süden am grünen Landschaftspark St. Stephen's Green ❶. Wer den Park ausreichend genossen hat, verlässt ihn am Wolf Tone Monument und wendet sich Richtung Regierungssitz ⑬ und Naturhistorisches Museum ❽. Hier erstreckt sich der Merrion Square ❻ mit seinen alten **georgianischen Fassaden** – ein umfangreiches Gebäudeensemble, wie es in einer solchen Geschlossenheit nur noch selten auf den britischen Inseln zu finden ist. Man sollte vor allem auch auf die **Haustüren** achten, denn nur bei ihnen konnten die Bewohner der Einheitsarchitektur ihre Individualität zum Ausdruck bringen, indem sie ihre Portale ganz nach eigenen Vorlieben gestalten ließen.

Westlich des Merrion Square liegt das altehrwürdige **Trinity College** ❺, Irlands erste und bedeutendste Universität. Auf dem ausgedehnten Campus taucht man ein in eine andere Welt und lässt den dichten und lauten Verkehr der Metropole hinter sich. Solch eine Umgebung passt gut

Routenverlauf im Stadtplan
Der hier beschriebene Spaziergang ist mit einer farbigen Linie im Stadtplan eingezeichnet.

zu der 1200 Jahre alten, illuminierten Handschrift *Book of Kells*, die in der Old Library ausgestellt ist.

Linker Hand erstreckt sich **Temple Bar**, das Soho oder Quartier Latin der irischen Hauptstadt. Unzählige Pubs, Kneipen und Tavernen, zahllose Lokale und Restaurants, Boutiquen und Galerien säumen die labyrinthisch verschlungenen Gassen und Sträßchen. Und dann ist der **Fluss Liffey** erreicht, der eingezwängt in seinem kanalisierten Bett die Stadt von West nach Ost durchfließt und in zwei etwa gleich große Hälften teilt.

Die O'Connell Bridge bringt den Flaneur zur O'Connell Street [I5/6], die wie keine andere Straße der Stadt mit **Denkmälern berühmtern Iren** versehen ist und die zusammen mit dem griechisch inspirierten General Post Office ㉝, an dem der Osteraufstand von 1916 ausbrach, an die jüngere, gewaltsame Geschichte der Stadt und des Landes erinnert.

Dass die Iren nicht nur ihre Historie ehren, sondern auch vertrauensvoll in die Zukunft schauen, das symbolisiert der 120 m hoch aufragende, im Jahr 2000 errichtete **Millenium Spire** ㉜ auf der O'Connell Street, eine gewaltige Nadel, die wie ein Obelisk die Wolken anstrahlt. Auf gleicher Höhe ragt das **General Post Office** ㉝ auf, in dessen Fassade immer noch die Einschusslöcher des Osteraufstandes von 1916 zu sehen sind (s. S. 38). Dort angekommen, hat man den zentralen Innenstadtbereich einmal von Süd nach Nord durchquert.

Vorseite: Abendliches Gedränge vor der Temple Bar in Dublins gleichnamigem Vergnügungsviertel

Dublin für Kauflustige

Ausnahmslos alle Artikel sind in Irland teurer als bei uns. Wer also auf
seinen Geldbeutel achten muss, der
sollte nur Sachen kaufen, die es hierzulande nicht oder nur selten gibt.

Shoppingcenter

🔴**1** [I7] **George Street Arcade,** zwischen
South George Street und Drury Street.
Eine Einkaufspassage in einem neo-
gotisch-viktorianischen Backsteinge-
bäude einer ehemaligen Markthalle. Die
Angebote wenden sich an ein jüngeres,
modebewusstes Publikum, so gibt es
Secondhandkleidung, CD-Stände, Tat-
too- und Piercing-Angebote, Mode-
schmuck und vieles mehr, dazwischen
finden sich auch kleine Restaurants.

🔺 *In der belebten Grafton Street* 🔴**3***,*
Dublins Haupteinkaufsmeile

🔴**2** [I5] **ILAC Centre,** Henry Street. Dublins
erste und älteste Shoppingarkade, daher
ohne das Konsumflair der neueren Shoppingcenter. Da die Mieten hier niedriger
sind, ist das Preis-Leistungs-Angebot
recht ordentlich.

🔴**3** [H5] **Jervis Centre,** Jervis Street, www.
jervis.ie. Eine moderne Einkaufspassage,
in der von Unterhaltungselektronik über
Herren- und Damenmode bis zu Kin-
derbekleidung alles angeboten wird.

🔴**4** [I7] **Powerscourt Centre,** South William Street, www.powerscourtcentre.
com. Eine bunte Mischung aus Geschäften von Mode über Kunsthandwerk bis
Möbel sowie verschiedene Restaurants
und Cafés verteilen sich über drei Etagen
im georgianischen Stadtpalais von 1744
der adligen Powerscourt-Familie.

🔴**5** [J7] **Royal Hibernian Way Centre,**
Dawson Street. Eher eine Ladenpassage
als ein Shoppingcenter, mit unterschiedlichen Geschäften und einer netten Bar.

01.1du Abb.: ti

Märkte

🛍️**12** [I5] **Moore Street Market,** Moore Street, Mo.–Sa. 9–16 Uhr. Seit vielen Jahrzehnten der Hauptmarkt in der Innenstadt hinter dem General Post Office.

🛍️**13** [I6] **Temple Bar Book Market,** Temple Bar Square. Jeden Sa. und So. von 11 bis 18 Uhr kann man sich hier durch haufenweise Bücher wühlen.

🛍️**14** [H6] **Temple Bar Food Market,** Meeting House Square, jeden Sa. von 10 bis 16.30 Uhr werden auf dem Food Market Spezialitäten und Delikatessen aus aller Welt, viele aus biologischer Herstellung, angeboten.

🛍️**15** [H7] **The Cow's Lane Designer Mart,** Cow's Lane, jeden Sa. 10–17 Uhr. Kunsthandwerk, Mode und vieles mehr.

🛍️**6** [I8] **St. Stephen's Green Shopping Centre,** St. Stephen's Green, www.stephensgreen.com. Neben vielen Filialen großer europäischer Modeketten finden sich hier auch kleinere Läden mit einem individuelleren Programm.

🛍️**7** [I7] **Westbury Mall,** Clarendon Street. Ladenpassage mit exklusiven Boutiquen.

Kaufhäuser

🛍️**8** [I5] **Arnott's,** 12 Henry Street. Hier gibt es alles für den täglichen Bedarf und noch vieles darüber hinaus.

🛍️**9** [I7] **Avoca,** 11-13 Suffolk Street, Tel. 01 6774215, www.avoca.ie. Familiengeführtes Kaufhaus mit Produkten „made in Ireland", besonders bekannt für Textilien. Falls man heimisches Brot zu sehr vermisst, kann man sich im Untergeschoss unter anderem mit exzellenten hausgemachten Backwaren eindecken.

🛍️**10** [I7] **Brown Thomas,** 88 Grafton Street. Karstadt oder Kaufhof für Dublin.

🛍️**11** [I7] **Marks & Spencer,** 15 Grafton Street. In dieser englischen Kaufhauskette, die bei den Dublinern sehr beliebt ist, findet man alles unter einem Dach.

Kulinarisches

🛍️**16** [I7] **Fallon & Byrne,** 11–17 Exchequer Street. Großer Feinkostladen mit angeschlossenem Restaurant.

🛍️**17** [I9] **Listons Food Store,** 25/26 Lower Camden St. Gemütlicher Laden mit Delikatessen, Salaten und Sandwiches. Gutes Käsesortiment.

🛍️**18** [H10] **The Bretzel Bakery,** 1a Lennox Street, Portobello. Koschere Bäckerei, die seit 1870 unter verschiedenen Besitzern existiert. Riesiges Angebot an verschiedenen Brot-, Brötchen- und Kuchensorten.

🛍️**19** [J7] **The Sweet Emporium,** 14 Duke Street. Traditioneller Süßigkeitenladen mit großer Auswahl.

Mode

🛍️**20** [H7] **5 Scarlett Row,** 5 Scarlett Row. Große Auswahl an Damenschuhen und -mode von irischen Designern wie Eileen Shields, Helen James oder Sharon Wauchob.

▲ *Shopping-Atmosphäre im Kaufhaus Brown Thomas*

🛍**21** [J7] **Alias Tom,** Duke House, Duke Lane. Herrenmode der großen Modeschöpfer vor Armani bis Boss, aber auch von irischen Designern. Neben Bekleidung finden sich auch sämtliche, für den Herren sonst noch wichtige Accessoires, von der Sonnebrille über Krawatten bis hin zu Manschettenknöpfen.

🛍**22** [I7] **Allicano,** 2 Johnson Place. Ein weiterer Laden mit feiner und gediegener Damenoberbekleidung.

🛍**23** [I7] **BT 2,** 28 Grafton Street. Trendige Designermode für das moderne Zeitgeistpublikum.

🛍**24** [I7] **Costume,** 10 Castle Market. Elegante Kleidung von den führenden Designern Europas.

🛍**25** [I7] **Louis Copeland,** 18 Wicklow Street. Hier wird man für maßgeschneiderte Anzüge vermessen, aber es gibt auch genügend Angebote von der Stange.

🛍**26** [I7] **Sabotage,** 14 Exchequer Street. Alles für Sie und Ihn: Anzüge, Kostüme, Mäntel, Pullover, Unterbekleidung u. v. m.

🛍**27** [H7] **Smock,** Smock Alley Court, West Essex Street. Designerladen mit exklusiver internationaler Damenmode von Edeldesignern.

🛍**28** [J7] **Thomas Pink,** 29 Dawson Street. Eine große Auswahl an exquisiter Hemdenmode für den eleganten Mann von Welt.

❯ **Tulle,** in der George Street Arcade (s. S. 15), South George Street. Internationale Mode für junge Frauen, manchmal leicht schräg.

🛍**29** [I6] **Urban Outfitters,** 4 Cecilia Street. Laden einer amerikanischen Modekette.

Shoppingareale

Die wichtigsten Shoppingbereiche der Stadt sind im Kartenmaterial mit einer rötlichen Fläche markiert.

Schuhe

🛍**30** [I5] **Clarks,** 25 Henry Street. In diesem Geschäft verkauft Clarks nicht nur seine eigenen Modelle, sondern auch die der Konkurrenz.

🛍**31** [I7] **Office,** 7 Grafton Street. Dubliner Dependance einer exklusiven englischen Schuhmodenkette.

Buchhandlungen

🛍**32** [I6] **Eason's,** 40 Lower O'Connell Street, www.easons.com. Größte Filiale dieser irischen Kette, die sich vor allem auf Bestseller spezialisiert hat und auch Schreibwaren, Zeitungen und Zeitschriften verkauft.

🛍**33** [J7] **Hodges & Figgis,** 56 Dawson Street. Größter Buchladen der Stadt mit sehr guter Auswahl.

🛍**34** [I6] **The Winding Stair,** 40 Ormond Quay, Tel. 01 872 6576, www.windingstair.com. Kleiner, uriger Buchladen (neu und second-hand), in dem man auch eine Tasse Tee oder Kaffee trinken kann. Sehr gutes Restaurant mit irischer Küche im ersten Stock.

🛍**35** [I8] **An Siopa Leabhar,** 6 Harcourt Street, 01 4757401. Buchladen mit irischsprachigen Büchern, auch vielen Lehr- und Wörterbüchern sowie Grammatiken. Hier kann man sich bei Interesse auch über Sprachkurse informieren. Im Keller liegt der Irischklub Conradh na Gaeilge (www.cnag.ie).

Musik und Filme

🛍**36** [I7] **Big Brother Records,** 4 Crow Street. Gute Musikauswahl auf CDs und Vinyl.

🛍**37** [I6] **Claddagh Records,** 2 Cecilia Street. Riesiges Angebot an traditioneller und irischer Musik.

🛍**38** [I7] **HMV,** 65 Grafton Street. Die größte Auswahl an CDs in ganz Dublin, über drei Stockwerke verteilt. Hier findet jeder etwas nach seinem Geschmack.

🔺**39** [I7] **Laser DVD**, 13 St. Andrew Street. Kleiner DVD-Laden mit sehr guter Auswahl seltener Filme (z. B. Arthouse).

Irisches Kunsthandwerk

🔺**40** [J7] **Kilkenny Design Centre**, 6 Nassau Street. Hier gibt es nur irische Produkte, von Glaswaren über Keramik-artikel und Schmuck bis hin zu Mode.

❯ **La MoM,** Powerscourt Centre (s. S. 15), 2. Stock. Irische Naturkosmetik, Kerzen und Aromatherapie-Produkte.

❯ **The Loft Market,** Powerscourt Centre (s. S. 15), 2. Stock. Mode, Schmuck, Drucke und Kunsthandwerk aus Irland.

🔺**41** [I6] **The Woollen Mills,** 41–42 Lower Ormond Quay, Tel. 01 8280301. Alt-eingesessener Familienbetrieb mit Strickwaren und Textilien aus irischer Herstellung.

❯ **This is Knit,** Powerscourt Centre (s. S. 15), 1. Stock. Strickladen mit sehr guter Auswahl an irischer Wolle und Strickmustern.

🔺**42** [M7] **Tower Craft Design Centre**, Pearse Street. In vielen verschiede-nen Ateliers arbeiten Kunsthandwerker an modernen oder keltisch inspirierten Schmuckstücken, Keramik, Leder-, Leinen- und Seideartikeln.

🔺**43** [H7] **Witchcraft Gallery,** Cow's Lane. Zeitgenössisches irisches Design an Glas-, Keramik-, Holz und Metallprodukten.

▶ *Gehören traditionell zusammen: Guinness und Seafood*

Dublin für Genießer

Essen und Trinken

Die **irische Küche** hat nicht immer ei-nen guten Ruf genossen und noch heute denken viele bei Irland zuerst an Kartoffeln und überkochtes Ge-müse. Allerdings hat sich die kulina-rische Szene in den letzten zwei Jahr-zehnten gemausert. Die gehobene moderne irische Küche, die Einflüs-se aus aller Welt beinhaltet, sich aber auf qualitativ hochwertige irische Pro-dukte konzentriert, hat viel zu bieten. Natürlich gibt es auch immer noch Bodenständiges und nicht jedes Res-taurant hat die neue Entwicklung mitgemacht.

Äußerst nahrhaft und damit zu Recht berühmt ist das irische (= eng-lische) **Frühstück,** das bis zum Spät-nachmittag vor Hunger schützt. Nach einem Glas Orangensaft oder einer halben Grapefruit werden die *ce-reals* – entweder Müsli, Cornflakes oder Porridge – gereicht, weiter geht es dann mit gebratenem Schinken-speck, Spiegel- oder Rühreiern, klei-nen Würstchen, gebratenen Schei-ben Blut- und Grützwurst (*black pud-ding* und *white pudding* – Vorsicht, keine Süßspeise!). Das alles wird mit einer gegrillten Tomate, gebratenen Pilzen oder gebackenen weißen Boh-nen garniert. Es gibt außerdem Toast, gesalzene Butter und Konfitüre.

Fisch und Meeresfrüchte, während der Hungersnöte die Ausweichnah-rung der Insulaner und von daher als reine Überlebensmahlzeiten mit dem Makel der Armut behaftet, sind seit einiger Zeit stark auf dem Vormarsch. Vor allem Lachs, aber auch Hummer und Krabben haben aufgrund des Tourismusaufschwungs ihren Sieges-zug durch die Restaurants angetreten und kommen wegen der kurzen Entfernungen – kein Ort Irlands liegt mehr als 100 km vom Meer entfernt – nahezu fangfrisch auf den Tisch.

Immer mehr reine **Seafood-Lokale** öffnen ihre Pforten, denn die Atlantikgewässer vor der irischen Westküste sind fischreich – wenngleich ausländische Trawler mit effektiven Fangmethoden dabei sind, dieses Seegebiet in nicht allzu ferner Zukunft zu überfischen. Vor allem bei den Vorspeisen haben der *Smoked Salmon* (geräucherter Lachs) oder ein Seafood-Cocktail die traditionellen *Egg Mayonnaise* (Russische Eier) fast von der Speisekarte verdrängt. Auch **Käseliebhaber** kommen in Irland auf ihre Kosten, da es mittlerweile eine große Auswahl an regionalen Spezialitäten zu probieren gibt.

Beliebte Hauptspeisen sind nach wie vor gepökeltes Schweinefleisch mit Kohl *(bacon and cabbage)*, und alle Arten von Steaks sowie natürlich (da recht preisgünstig) der *Irish Stew,* ein nahrhafter Eintopf mit Kartoffeln, Lammfleisch und vielen Gemüsesorten. Gegrillte oder pochierte Lachs- oder Schollenfilets, letztere mit einer kräftigen Remouladensoße, gehören zu weiteren beliebten Gerichten.

Gängig als **Beilagen** sind gedünstete Pilze, in der Regel Champignons, Kartoffelpüree und Salat sowie alle Arten von Gemüse. Dazu wird das sogenannte *Brown Bread* gereicht, das zusammen mit der gesalzenen irischen Butter sehr schmackhaft ist.

013du Abb.: ti

Da in Irland die Voraussetzungen für den Weinanbau fehlen, sind vor allem die edlen Tropfen aus guter Hanglage importiert und entsprechend teurer als auf dem Kontinent. Zwar schätzen die Iren zum Essen einen guten, kräftigen Rotwein französischer Provenienz, doch ist das **irische Nationalgetränk** natürlich das **Guinness**, ein typisches *Stout*. Die anderen **Biersorten** sind schnell aufgezählt: *Lager* ist mit dem deutschen Pils verwandt. *Ale,* ein dünnes, helles und bei Kontinentaleuropäern häufig verlachtes Bier, und das in irischen Pubs seltene *Bitter,* mit dem deutschen Alt vergleichbar, sind die weiteren Biersorten. Mit Ausnahme des Guinness werden alle Sorten schnell und randvoll in das Glas gezapft, wobei die dünne Schaumkrone häufig auch noch weggewischt wird. Alle Biere haben weniger Kohlensäure und –

Gastro- und Nightlife-Areale
Bläulich hervorgehobene Bereiche in den Karten kennzeichnen Gebiete mit einem dichten Angebot an Restaurants, Bars, Klubs, Discos etc.

sieht man einmal vom Guinness ab – einen geringeren Alkoholgehalt als die kontinentaleuropäischen Braugetränke. Zusätzlich gibt es noch das *Cider,* ähnlich dem französischen *Cidre,* nur meist weniger süß.

Beliebtestes Getränk ist natürlich das **Guinness**, wenngleich vor allem beim Jungvolk die *Lager*-Sorten stark auf dem Vormarsch sind. In den Pubs wird viel Flaschenbier angeboten, doch sollte man sein Bier vom Fass – *draught* (gezapft) – verlangen. Selbstverständlich führen Pubs auch alkoholfreie Getränke.

Wie in Großbritannien ist es unüblich, nur ein „Bier" zu bestellen. Man ordert gezielt die Menge und die Sorte – „Half a pint of lager" – und setzt ein kräftiges „please" dahinter. Noch besser ist es, die Sorte anzugeben: „A pint of Guinness". *Half a pint* (Bestellung häufig auch: „A glass of ..., please") entspricht ca. 0,25 l, ein *pint* etwa 0,57 l.

Probieren sollte man unbedingt einmal einen guten **Malt Whiskey** (im Gegensatz zu seinem schottischen Verwandten mit „e" geschrieben), der in Irland nicht mit Eis, sondern mit Wasser gereicht wird (siehe Exkurs „Wie kommt der Geschmack in den Whiskey?", S. 88). Bekömmlich sind auch Bailey's, ein Sahnelikör, Irish Mist, ein Heidekrautlikör, sowie der berühmte **Irish Coffee**, der angeblich während einer Nebelperiode auf dem Shannon-Airport von einem Barkeeper erfunden wurde, um die verärgerten Fluggäste bei Laune zu halten: Kaffee mit Whiskey, Zucker und Sahneaufsatz.

Weltmeister jedoch sind die Iren im Trinken von **Tee**. Mit sieben Pfund pro Kopf und Jahr haben sie die Briten (fünf Pfund pro Jahr) auf Rang zwei verwiesen. Traditionell nimmt man

Restaurantkategorien

€	bis 15 €
€€	16–25 €
€€€	ab 26 €

den Tee mit Milch und Zucker und spricht dann von *Cream Tea.*

Vom Spitzenrestaurant bis zum Fastfood-Take-away reicht die Dubliner Gastronomiepalette. Der Besucher sei jedoch vorgewarnt, denn die **Preise** sind selbst in einem Mittelklasselokal **außerordentlich hoch.** Sie liegen rund ein Drittel höher als hierzulande.

In den Restaurants ist die Bedienung entweder im Preis eingeschlossen *(Service Included)* oder wird zusätzlich berechnet *(Service Charge,* 10 oder 15 %), im zweiten Fall erübrigt sich dann ein **Trinkgeld.** Anders als im deutschen Sprachraum lässt man das Trinkgeld (5–10 %) auf dem Tisch liegen oder man kann es bei Kartenzahlung dem Betrag hinzufügen. Damit das Trinkgeld den Kellnern wirklich zukommt, ist aber die Barzahlung die bessere Variante. In den Spitzenlokalen wird man vor dem Essen an eine spezielle Bar gebeten, an der man den Aperitif zu sich nimmt und dabei in Ruhe die Speisekarte studiert. (Achtung: „Menu" bezeichnet nicht das Menü, sondern ist das englische Wort für die Speisekarte!)

Die meisten Pubs servieren um die Mittagszeit sowie häufig auch abends den sogenannten *Pub Grub* (Snacks und kleine Gerichte). Irische Pubs sind jedoch vor allem wegen ihrer **Livemusik** berühmt. Nicht alle Kneipen bieten während der Saison täglich Folkmusic live, viele nur an bestimmten Tagen der Woche.

Hervorhebenswerte Lokale

🚩**44** [I7] **Ar Vicoletto** €€–€€€, 5 Crow Street, Tel. 01 6708662. Ein gemütliches und bodenständiges italienisches Lokal mitten im Temple-Bar-Bezirk, das gute Pasta und frische Fisch- und Fleischgerichte ohne Schnickschnack auf den Teller bringt.

🚩**45** [I7] **Avoca Café** €, 11–13 Suffolk Street, 01 677 4215, www.avoca.ie. Ungewöhnliche Mischung aus Kaufhaus mit Produkten „made in Ireland" (s. S. 16) und Café mit moderner irischer Küche.

🚩**46** [J8] **Bang Café** €€, 11 Merrion Row, Tel. 01 6760898, www.bangrestaurant. com. Eines der derzeitigen In-Restaurants der Metropole, in dem aber nichtsdestotrotz eine kreative europäische Küche serviert wird, die sich das Beste aus Italien, Spanien und Frankreich ausgesucht hat.

🚩**47** [I7] **Bewley's Oriental Café** €, 57 Grafton Street, Tel. 01 8727719. In dem wundervoll restaurierten Gebäude locken Kuchen und frisch gerösteter Kaffee. Man kann sich aber auch gemütlich zum Frühstück oder zu Pizza, Pasta und Paninis niederlassen. Im hinteren Teil geht es etwas formeller zu, vorne und auf der Galerie befindet sich das informellere Café, die Speisekarte ist aber die gleiche.

🚩**48** [I6] **Botticelli** €–€€, 3 Temple Bar, Tel. 01 6727289. Mitten im Temple-Bar-Viertel, gelegen, italienische Küche. Pizzen und Pasta kosten 10–15 €, Fleischgerichte bis 24 €.

🔵**49** [I5] **Café Kylemore** €, Upper O'Connell Street/Ecke North Earl Street. Gemütliches Café mit großen Scheiben, durch die man gemütlich dem hektischen Treiben auf der Straße zusehen kann. Neben Snacks und Kuchen werden im Café Kylemore auch preisgünstige warme Speisen serviert.

🚩**50** [K9] **Chai-Yo Asian Restaurant** €€, 100 Lower Baggott Street, Tel. 01 6622767, www.chaiyo. ie. Hervorragendes Lokal mit einer weiten Palette an guten und leckeren fernöstlichen Gerichten, auch Seafood. Das Restaurant wurde mehrfach in der Lokalpresse sowie in Gourmetmagazinen lobend erwähnt.

🚩**51** [H4] **Chapter One Restaurant** €€€, 18 Parnell Square (im Kellergeschoss des Writers' Museum **36**), Tel. 01 8732266, www.chapteronerestaurant. com. Gute Weinkarte, internationale Gerichte, mehrfach preisgekrönt, unter anderem mit einem Michelin-Stern.

🚩**52** [I7] **Cornucopia** €, 19/20 Wicklow Street, Tel. 01 6777583, www.cornu copia.ie. In diesem preisgekrönten vegetarischen Restaurant geht es informell zu. Man bestellt das Essen an der Theke und sucht sich dann selbst einen Tisch. Auch bei Nicht-Vegetariern beliebt und sehr gemütlich.

🚩**53** [J7] **Dunne & Crescenzi** €€, 14–16 South Frederick Street, Tel. 01 6759892, www.dunneandcrescenzi. com. Ein hervorragendes italienisches Lokal mit einem guten Preis-Leistungs-Verhältnis, serviert werden rustikale Gerichte vom Land.

Lecker vegetarisch

EXTRAINFO

Irland ist für Vegetarier ein verhältnismäßig **problemloses Reiseziel.** Mittlerweile sind vegetarische Hauptgerichte in guten Restaurants Standard. In den großen Städten erfreuen sich immer mehr rein vegetarische Restaurants großer Beliebtheit. Dublin hat mehrere hervorragende vegetarische Restaurants zu bieten, die meist auch Wert auf gesunde, vollwertige Zubereitung der Speisen legen.

❯ **Cornucopia** (s. S. 21)
❯ **Govinda's** (s. S. 23)

Irische Pubs

In Dublin gibt es an die 800 Pubs und außerhalb der irischen Metropole buhlen weitere 11.000 Tavernen um die Gunst des bier- und whiskeytrinkenden Publikums. Irland hat somit eine Pubdichte von rund **350 Einwohnern pro Kneipe.** Da Vergleichszahlen aus anderen europäischen Ländern fehlen, kann hier aber nicht gesagt werden, wie Irland damit im internationalen Vergleich abschneidet.

Allein in Dublin beschäftigt die Alkoholindustrie 10.000 Arbeitnehmer und im Durchschnitt gibt jeder Hauptstadtbürger pro Jahr 760 € für Guinness, Lagerbier oder Whiskey aus. So gelten die Iren als sehr trinkfreudig - zu Unrecht, wenn man die Zahlen im europäischen Vergleich betrachtet. Da nämlich liegt Irland ganz klar im Mittelfeld - an achter Stelle, weit hinter den weintrinkenden Franzosen, Italienern, Luxemburgern und ebenfalls hinter den biertrinkenden Deutschen und Belgiern. Hinzu kommt die starke **abstinenzpredigende Bewegung,** der 500.000 Iren angehören sollen - bei einer Gesamtbevölkerung von 4,2 Mio. sind dies immerhin knapp 12 %.

Doch das **Klischee des trinkenden Iren** hält sich seit Jahrhunderten hartnäckig. So schrieb im Jahr 1917 ein gewisser Douglas Goldring: „Unglücklicherweise beschränken die Armen Dublins ihre Gewohnheit, sich zu betrinken, nicht auf bestimmte Stunden oder Wochentage; sie scheint ausschließlich von ihrer finanziellen Lage abzuhängen."

Die Pubs haben sich aus den **Verkaufsstellen für schwarzgebrannten Whiskey,** den sogenannten Poitín, entwickelt. Wer nämlich besonders gut mit der Brennblase seiner Destille umgehen konnte, der machte schnell den Nebenerwerb zum Hauptberuf. Im Jahr 1628 stellte ein gewisser William Petty fest, dass von Dublins 6025 Häusern 1200 als Whiskeyausschankstellen dienten. Das behördliche Verbot der Schwarzbrennerei im Jahr 1760 veränderte die Lage kaum.

Die **hohe Alkoholsteuer** (52 %) hat bis zum heutigen Tag dazu geführt, dass wie eh und je weiter schwarzgebrannt wird. Die Steuer ist auch einer der Gründe dafür, dass die Iren ihr Guinness lieber im Pub als zu Hause trinken: In den Off-Licence-Geschäften sind alkoholische Getränke nahezu genauso teuer wie im Pub - da kann man auch gleich in großer Gesellschaft und sozialer Runde bechern.

Heutzutage sind auch an der Bar die **Frauen gleichberechtigt.** Das war aber nicht immer so, irische Pubs haben - oder vielmehr hatten früher - an den Enden der Theken sogenannte **Snugs**, *winzige Kammern, in denen Frauen und Priester, der Öffentlichkeit entzogen, ihre alkoholischen Getränke zu sich nahmen. Diese „Einzelsäuferkojen", wie sie Heinrich Böll in seinem „Irischen Tagebuch" genannt hat, ließen sich nur direkt vom Tresen aus mit einem Hebel öffnen. Wollte die Lady hinaus, musste sie nach dem Wirt klingeln.*

Zur **Ausstattung eines Pubs** *gehört selbstverständlich ein Dartspiel, sehr häufig ein Poolbillardtisch und in irgendeiner Ecke flimmert der Fernseher, auf den kein Mensch achtet. Die Einrichtung kann durchaus schäbig sein, dies sagt nichts über die Kneipe und ihre Besucher aus.*

Patina wird sogar sehr gerne gesehen, weist sie doch darauf hin, dass hier ein alteingesessenes Unternehmen residiert. In den letzten Jahren sind umfangreiche Renovierungsarbeiten im sogenannten Pastiche-Stil in Mode gekommen. Dabei kopiert man die klassische Pubeinrichtung, die ja aus edlen Mahagonihölzern, viel Messing, Kristallspiegeln und rotem Plüsch besteht. Zumeist ist dies eine reine Augenwischerei und das Mahagoni entpuppt sich schnell als furnierter Pressspan.

Da die Bierpreise hoch sind, füllen sich die Kneipen erst recht spät. Aus diesem Grund fangen auch viele Livesessions erst um 21 Uhr an. Und irgendwann ruft der Barkeeper unerbittlich: „It's time now. Last order." Schnell wird dann die **letzte Bestellung** *aufgegeben und nach dem Verschluss der Zapfhähne darf man noch eine halbe Stunde lang sein Bier austrinken – so bestimmt es das Gesetz.*

54 [H6] **Eden** €€, Meeting House Square, Tel. 01 6705372, www.edenrestaurant.ie. Nettes Lokal mit modernem Chic in Temple Bar, in dem die Küchen verschiedener Länder in einem Gericht fusionieren.

55 [I6] **Gallagher's Boxty House** €€, Temple Bar, Tel. 01 6772762, www.boxtyhouse.ie. Mitten im Temple-Bar-Bezirk gibt es klassisch-irische Gerichte.

56 [I6] **Govinda's Vegetarian Restaurant** €, 83 Middle Abbey Street, www.govindas.ie. Eines von drei vegetarischen Restaurants in Dublin, die von Hare Krishna betrieben werden. Die Atmosphäre hat etwas von einem Schnellrestaurant, aber das auf indischer Küche basierende Essen ist hervorragend. Sehr große Portionen.

57 [I8] **Il Posto** €€, 10 St. Stephen Green, Tel. 01 6794769, www.ilposto restaurant.com. Sehr beliebtes italienisches Lokal.

58 [J8] **La Mère Zou** €€, 22 St. Stephen's Green, www.lamerezou.ie, Tel. 01 6616669. Nettes gemütliches Restaurant mit guter französischer Küche aus irischen Produkten.

59 [K8] **L'Ecrivain** €€, 109a Lower Baggot Street, Tel. 01 6611919, www.lecrivain.com. In einem Hinterhof gelegenes, exzellentes und alteingesessenes Restaurant, dessen Küchenchef irische Produkte wie Lachs, Hummer, Gemüse aus biologischem Anbau und vieles mehr zu kreativen Gerichten verfeinert. Davon waren und sind auch die Gourmettester vom Guide Michelin angetan, seit Jahren hat das Lokal einen Stern.

60 [J8] **Peploe's** €€-€€€, 16 St. Stephen's Green, Tel. 01 6763144, www.peploes.com. Ein hervorragendes Weinbistro im Herzen der Stadt, französisch inspirierte Küche von der Zwiebelsuppe bis zu frischem Seafood in einem gemütlichen Kellerlokal voller Ambiente. Auf der Karte befinden sich 150 Weine.

61 [I7] **Rajdoot Tandori Restaurant** €€-€€€, 26 Clarendon Street, Tel. 01 6794274, um 27 €. Der Ableger eines Restaurants in Manchester. Serviert wird nordindische Küche.

62 [I6] **The Bagel Bar** €, 18 Lower Liffey Street, Tel. 01 8748287. Reichlich belegte Bagels und Sandwiches in vielen Variationen, auch vegetarisch. Hier kann man preiswert und lecker zum Mittagessen einkehren.

63 [I7] **The Cedar Tree** €€, 11a St. Andrew Street, Tel. 01 6772121. Um die Ecke von der Tourist Information liegt seit 20 Jahren Dublins berühmtestes libanesisches Restaurant. Arabische Küche, auch vegetarische Gerichte.

64 [H6] **The Joy of Cha** €, 10 Essex Street East, Tel. 01 6775121. Gemütlicher Teeladen, in dem man auch preiswert kleine Gerichte essen kann. Sehr große Auswahl an Tee, Kaffeesorten und heißer Schokolade.

65 [J8] **Town** €, 21 Kildare Street, Tel. 01 6624724, www.townbarandgrill. com. Ein Kellerrestaurant unter dem renommierten Mitchell's Weinladen, von Feinschmeckermagazinen hoch gelobt.

66 [I7] **Trocadero** €€-€€€, 4 St. Andrew Street, Tel. 01 6775545, www.troca dero.ie. Traditionelle irische Küche seit 1956: Steaks, Fisch – große, sattmachende Portionen.

Typisch irische Küche

Gute, moderne irische Küche heißt heute, qualitativ hochwertige Produkte aus der Region zu verwenden. Neben Klassikern wie *Irish Stew* oder *Bacon and Cabbage* findet man auch internationale Einflüsse. In den folgenden Restaurants kann man das probieren:

> **Trocadero** (s. S. 24)
> **Gallagher's Boxty House** (s. S. 23)
> **Avoca Café** (s. S. 21)

Pubs

Pubs haben generell von Montag bis Donnerstag bis 23.30 Uhr, freitags und samstags bis 0.30 Uhr und sonntags bis 23 Uhr geöffnet. Pubs mit spezieller Lizenz schenken länger aus, teilweise sogar bis 3 Uhr morgens.

67 [J6] **Bowe's Public House,** 31 Fleet Street. Beliebter Pub bei den Journalisten der Irish Times, die nahebei ihre Redaktion hat.

68 [I7] **Davy Byrnes,** 21 Duke Street. Gegenüber vom Bailey gelegen und ebenfalls von Joyce erwähnt, schönes Art-déco-Interieur. Von hier starten regelmäßig *Literary Pub Crawls,* geführte Touren durch die Kneipen Dublins, in denen die irischen Literaturgiganten becherten.

69 [J6] **Doyles,** 9 College Street. Neben der Redaktion der Irish Times gelegen, ist der Pub seit 1880 eine beliebte Anlaufstelle für Journalisten.

70 [I7] **Grogan's Castle Lounge,** 15 William Street South. Traditionelles Pubinterieur, gut geeignet für ein ruhiges Bier.

71 [I5] **Madigan's,** 6 Earl Street North. Beim Osteraufstand von 1916 zerstört, kurz darauf mit viel Marmor und Glas neu aufgebaut, gemütlich und mondän. Vor dem Pub ehrt eine Statue James Joyce.

72 [I7] **McDaid's,** 3 Harry Street. Berühmter Literatenpub, u. a. becherte hier der Dramatiker Brendan Behan.

73 [J6] **Mulligan's,** 8 Poolbeg Street. Seit 1782 gibt es eine Taverne an diesem Ort. Heute hat es den Anschein, als stamme die Einrichtung noch aus jenen Tagen. Sehr beliebter Pub, immer voll mit den Journalisten der Irish Times. Benannt nach Buck Mulligan, einem Protagonisten in James Joyce' „Ulysses".

74 [J8] **O'Donoghue's,** 15 Merrion Row. Weit über die irischen Grenzen hinaus bekannter Singing Pub, der traditionelle irische Livemusik bietet.

⊙**75** [H6] **Slattery's,** 129 Capel Street. Der Pub ist bekannt für die hier gespielte traditionell-irische Livemusik.

⊙**76** [I7] **The Bailey,** Duke Street. Von James Joyce in seinem Ulysses beschrieben, von 1940 bis 1960 Treffpunkt der Dubliner Literaturszene, allerdings nicht mehr im originalgetreuen Gemäuer, sondern in einem neuerrichteten Gebäude aus den 1990er-Jahren.

⊙**77** [F7] **The Brazen Head,** 20 Lower Bridge Street. Dublins älteste Taverne: Seit 1198 kann man hier den Durst löschen, oft zu traditioneller Livemusik. Die Kneipe war Brendan Behans liebster Ort, hauptsächlich hier hat sich der Autor und IRA-Aktivist zu Tode gesoffen.

⊙**78** [J7] **The Duke,** 9 Duke Street. Ruhige, gemütliche Kneipe mitten im Einkaufszentrum, gut zur Erholung nach dem Shopping. Auch von hier starten jeden Abend ab 19 Uhr die Literary Pub Crawls (vgl. Davy Byrne's, S. 24).

⊙**79** [I6] **The Oliver St. John's Gogarty,** 58 Fleet Street. Mitten im Temple-Bar-Bezirk, Traditional Music House mit angeschlossenem Restaurant, besonders bei Touristen beliebter Pub in Dublins Szeneviertel, oft gibt es schon zur Lunchzeit Livemusik. Angegliedert sind ein Hostel und ein Restaurant. Der Namensgeber der Kneipe war ein bekannter Dubliner Arzt, der auch Gedichte schrieb und mit James Joyce befreundet war. Joyce machte ihn unter dem Namen „Buck Mulligan" in seinem Ulysses unsterblich.

⊙**80** [I6] **The Palace Bar,** 21 Fleet Street. Viktorianisch-traditionelle Einrichtung mit Snugs (s. Exkurs „Irische Pubs"), in den 1940er-Jahren hielt der Herausgeber der Irish Times hier literarische Zirkel ab und die Großen der Dubliner Schriftstellerszene lasen in der Taverne. Im oberen Stock finden regelmäßig hervorragende Traditional Sessions (Livemusik mit Traditional Irish Folk) statt.

⊙**81** [I6] **The Temple Bar,** 47 Temple Bar Street. Seit über 160 Jahren im Dienst am Kunden des Temple-Bar-Bezirks, Gewinner des „Traditional Irish Music Pub of the Year Award" 2002, 2003 und 2004. Mit Biergarten, im dem geraucht werden darf.

⊙**82** [H7] **The Turk's Head,** Parliament Street/Ecke Essex Gate. Mitten im Temple-Bar-Bezirk, Ausschank seit 1760, stilvolle Einrichtung.

⊙**83** [K8] **Toner's Victorian Bar,** 139 Lower Baggot Street. Wie der Name schon sagt, mit alter, patinabelegter viktorianischer Einrichtung inklusive Snugs.

▲ *Bei Touristen beliebt:*
The Oliver St. John's Gogarty

Dublin am Abend

Nachtleben

Dublins Vergnügungsviertel ist der Temple-Bar-Bezirk, der mit vielen Tavernen, Singing Pubs und Discos die Nachteulen anlockt. Eine konzentriertere Kneipendichte als hier findet man in der ganzen Stadt kein zweites Mal. Das heißt aber nicht, dass im Rest Dublins schon bei Sonnenuntergang die Bürgersteige hochgeklappt werden. Viele beliebte Anlaufstellen sind über das Zentrum verteilt.

84 [I5] **Ambassador Theatre**, O'Connell Street. Erst ein Theater, dann ein Kino und heute beliebter Treffpunkt für Liveauftritte aller musikalischen Richtungen.

85 [I7] **Andrew's Lane Theatre**, 9 Andrews Lane, www.andrewslane.com. Beliebte Disco mit Themenabenden.

86 [I5] **Boom Boom Room**, 70 Parnell Street, www.theboomboomroom.tv. Eine der beliebtesten Adressen für Livemusik: Jazz, Blues, Folk, Rock und was man sonst noch alles zu hören wünscht, wird hier gespielt. Im ersten Stock über dem beliebten Pub Patrick Conway's gelegen.

87 [I7] **Break for the Border**, Lower Stephen Street. Tagsüber ein Pub mit angeschlossenem Restaurant, abends verwandelt sich die Lokalität in einen äußerst beliebten Discoklub.

88 [J7] **Café en Seine**, 40 Dawson Street. In dem beliebten Pub treten sonntags 14–16 Uhr und montags 21–23 Uhr Jazzbands auf.

89 [I9] **Crawdaddy**, 35a Harcourt Street, www.pod.ie. Benannt nach dem Londoner Klub, in dem die Stones in den 1960er-Jahren bekannt wurden. Hier finden Liveauftritte statt, die sich nicht dem Mainstream verpflichtet fühlen: Free Jazz, klassische Gitarrenkonzerte, Trommlergruppen usw. Dem Crawdaddy ist die Disco PoD angegliedert.

90 [I8] **Gaiety Theatre**, King Street South, www.gaietytheatre.com, Fr./ Sa. 23–4 Uhr. Der Klub befindet sich in einem ehemaligen Theater in einem alten viktorianischen Gemäuer, die musikalische Palette reicht von Jazz bis Rock.

91 [I7] **Globe**, 11 South Great George's Street, www.globe.ie. Tagsüber beliebt auf einen Kaffee, abends lebendige Bar und sonntagnachmittags feiner Jazz.

92 [I6] **Ha'Penny Bridge Inn**, 42 Wellington Quay. Dreimal in der Woche (Di.–Do.) treten in dem Pub Comedians und Kabarettisten auf.

93 [I7] **International Bar**, 23 Wicklow Street. In dem Raum über dem Pub finden dreimal in der Woche (Mo., Mi., Do.) Comedy- und Kabarettauftritte statt.

94 [J6] **Laughter Lounge**, 4–8 Eden Quay, www.laughterlounge.com. Erfreut sich dank der niveauvollen Kabarettstücke im nun vollständig restaurierten Saal einer guten Reputation.

95 [I7] **Lillies Bordello**, Adam Court, Grafton Street, www.lilliesbordello.ie. Dublins bekanntester Klub, in den man aber nur Einlass findet, wenn man einen solventen Eindruck macht.

96 [I7] **Spy**, 59 South William Street. Edle Disco für die Schönen und Reichen im georgianischen Powerscourt Shopping Centre (s. S. 15).

97 [H6] **The Button Factory**, Curved Street, www.buttonfactory.ie. Liveauftritte von Bands aller Musikrichtungen.

98 [O6] **The O2**, East Link Bridge, North Wall Quay, www.theo2.ie. Hinter der Fassade eines Bahnhofs von 1878 steht hier seit 2008 die O2-Konzerthalle. Nach ihrem Namensvetter in London ist sie der am meisten ausgelastete Veranstaltungsort dieser Art auf der Welt. Bekannte Gruppen und Musiker wie U2 oder Lady Gaga treten hier auf.

99 [I6] **The Twisted Pepper**, 54 Middle Abbey Street, www.thetwistedpepper. com. Dieser ungewöhnliche Veranstaltungsort ist abends (ab 19 oder 20 Uhr) eine der angesagtesten Bars und Discos der Stadt und tagsüber Buchladen, Plattenladen, Herrenfriseur und Café (mit ausgezeichnetem Kaffee!). Der Buch- und Plattenladen sowie der Friseur sind montags geschlossen.

Theater und Konzerte

Neben dem ständigen Angebot lohnt auch das zweiwöchige Theaterfestival im September/Oktober (s. S. 12).

Theater

⟲**100** [J6] **Abbey Theatre,** 26 Lower Abbey Street, www.abbeytheatre.ie, Tel. 01 8787222. Irlands Nationaltheater wurde 1904 von dem Dramatiker William Butler Yeats gegründet und bringt bis heute neben anderen Aufführungen auch die klassischen Stücke der irischen Autoren auf die Bretter. Dem Abbey ist die Experimentierbühne Peacock Theatre angeschlossen

⟲**101 Draíocht,** Blanchardstown Centre, Tel. 01 8852622, www.draiocht.ie, Kasse Mo.–Sa. 10–18, Busse 39 und 39a von Crampton Quay, Junction Adsill's Row (Stop AH). Kunst- und Kulturzentrum mit zwei Bühnen, Galerien, Café, Studio und Übungsraum.

⟲**102** [J9] **Focus Theatre,** 6 Pembroke Place, Tel. 01 6624677, www.focus theatredublin.ie. Das kleine Theater hat sich vor allem auf Zeitgenössisches spezialisiert, bringt aber auch inhaltsschwere Klassiker an die Zuschauer.

⟲**103** [H7] **Gaiety Theatre,** South King Street, www.gaietytheatre.com, Tel. 01 6795622. Musicals, erfolgreiche leichte Stücke und alles, worüber man im Theater lachen kann, werden hier gespielt.

⟲**104** [I4] **Gate Theatre,** 1 Cavendish Row, East Parnell Square, Tel. 01 8744045, www.gatetheatre.ie. Dublins elegantester Aufführungssaal in einem

Smoker's Guide

Irland führte 2004 als erster Staat ein **absolutes Rauchverbot** an allen Arbeitsplätzen ein, was natürlich auch Restaurants, Pubs und andere Orte mit Publikumsverkehr umfasst. In Pubs hat es sich eingebürgert, dass Raucher regelmäßig vor die Tür gehen. Räume für Raucher gibt es an öffentlich zugänglichen Orten nicht. Viele **Pubs** haben vor ihren Türen aber Überdachungen und manchmal sogar Tische, Stühle und Heizungen aufgestellt:

> The Bailey (s. S. 25)
> The Brazen Head (s. S. 25)
> Davy Byrnes (s. S. 24)
> The Temple Bar (s. S. 25)

Gebäude aus dem 18. Jh. vereinigt die europäischen und amerikanischen Klassiker.

⟲**105** [H7] **Olympia Theatre,** 72 Dame Street, www.olympia.ie, Tel. 01 6793323. In der früheren Music Hall werden Varietés, Musicals, Konzerte und Kömödien aufgeführt.

⟲**106** [H6] **Project Arts Centre,** 39 East Essex Street, Tel. 01 8819613, www. projectartscentre.ie. Alles, was neu und aufregend ist, kommt hier auf die Bühne, dazu zählen auch zeitgenössisches Ballett, Comedy und Liveperformances.

⟲**107** [F7] **Tivoli Theatre,** 135 Francis Street, Tel. 01 4544472, www.tivoli.ie. Was anderswo schon erfolgreich gespielt wurde, kommt auch in dem ehemaligen Kino auf die Bretter, die die Welt bedeuten.

Konzerte

⟳**108** [J9] **National Concert Hall,** Earlsfort Terrace, Tel. 01 4170000, www.nch. ie. In der alten Lecture Hall des University College of Dublin finden regelmäßig herausragende Konzerte statt.

017du Abb.: ti

Dublin für Kunst- und Museumsfreunde

Museen

Für ein so kleines Land wie Irland, das darüber hinaus im Laufe seiner Geschichte von schweren Schicksalsschlägen gebeutelt wurde, besitzt dessen Hauptstadt Dublin eine ganze Reihe an guter Museen.

22 [H7] **Chester Beatty Library,** Dublin Castle, www.cbl.ie. Die Chester Beatty Library, die den Namen ihres Stifters trägt, ist ein Muss für den Bücherfreund, denn hier finden sich 20.000 Manuskripte, Handschriften, seltene Bücher aus Europa, dem islamischen und fernöstlichen Raum, darunter illuminierte Handschriften, chinesische Jade-Bücher und arabische kalligrafische Schriften.

36 [H4] **Dublin Writers' Museum,** www.writersmuseum.com. Das Dublin Writers' Museum ehrt die großen irischen Literaten und hat viele Memorabilien der Geistesgrößen – darunter Fotos, Briefe, Manuskripte, seltene Erstausgaben und unterschiedliche Besitztümer – in seinen Räumen ausgestellt.

29 [B7] **Irish Museum of Modern Art,** www.imma.ie. **Das Haupthaus ist bis Ende 2012 geschlossen.** Vorübergehend wird daher auch das Erdgeschoss der National Concert Hall (s. S. 27) genutzt. Das Irish Museum of Modern Art, im schönen Royal Hospital Kilmainham untergebracht, besitzt nur eine kleine eigene Sammlung, zeigt jedoch viele wechselnde Sonderausstellungen moderner Kunst, die mit Leihgaben von Sammlern oder ausländischen Museen bestückt werden.

42 [E6] **Museum of Decorative Arts and History,** www.museum.ie. Das Museum der dekorativen Künste, untergebracht in den Collins Barracks, zeigt Kleidung und Mode, Mobiliar, Waffen, Artefakte des Alltagslebens, dazu Silber-, Keramik- und Glasartikel aus allen Jahrhunderten.

7 [K7] **National Gallery,** Merrion Square, www.nationalgallery.ie. Die National Gallery zeigt nicht nur Arbeiten irischer Künstler, sondern auch herausragende Werke international renommierter Meister.

🏛**109** [H6] **National Leprechaun Museum,** Jervis Street, Tel. 01 8733899, www. leprechaunmuseum.ie, Mo.–Sa. 9.30– 18.30 Uhr, So. 10.30–18.30, 10 € (Kinder 8,50 €), Luas Red Line bis Jervis Street. Dieses Museum ist den Mythen und Volkserzählungen Irlands gewidmet. Die Hauptrolle spielt die Gestalt des Leprechaun, eine Art Kobold, der in vielen irischen Geschichten vorkommt und am Ende des Regenbogens einen Topf mit Gold versteckt halten soll. In dem Museum, das sich vornehmlich an Familien mit Kindern wendet, wird man durch eine mythische Welt geleitet, bekommt Geschichten erzählt und erfährt nebenbei einiges über irische Märchen- und Sagengestalten. Die Führungen sind nur auf Englisch. Aber auch ohne Sprachkenntnisse werden Kinder ihren Spaß an gigantischer Möbeln und einem Gang, in dem man scheinbar immer größer wird, haben.

❽ [K8] **Natural History Museum,** www. museum.ie. Das Natural History Museum, 1857 vom schottischen Naturforscher David Livingstone begründet, hat rund zwei Millionen Tierspezies in seinem Bestand, von denen ungefähr 10.000 ausgestellt sind.

⓫ [J8] **National Museum – Archeology,** www.museum.ie. Das National Museum bietet prähistorische Fundstücke, Artefakte aus der Bronze- und Eisenzeit, Arbeiten, die die Wikinger in Irland hinterlassen haben, und eine der weltweit größten Sammlungen keltischer Kostbarkeiten.

⓱ [H4] **National Wax Museum Plus.** Vor allen Dingen Kinder besuchen das kürzlich umgezogene National Wax Museum gerne, denn hier gibt es lebensgroße Figuren bekannter Personen, die in der irischen Geschichte eine Rolle gespielt haben, und weiterhin Schriftsteller, Künstler, Politiker, Rock- und Pop-Größen aus der ganzen Welt zu bestaunen.

Kunstgalerien

🎨**110** [I6] **Black Church Studio,** 4 Temple Bar, Tel. 01 6773657, www.print.ie, Mo.–Fr. 9–17 Uhr. Diese Künstlerwerkstatt und Gallerie hat limitierte, nummerierte und signierte Druckgrafiken, also Siebdrucke, Lithografien und Radierungen, von irischen und ausländischen Künstlern in ihrem Bestand. Kunstsammler werden hier gerne stöbern wollen und statt eines landestypischen Souvenirs vielleicht eine Lithografie mit nach Hause nehmen.

🎨**111** [J7] **Douglas Hyde Gallery,** Tel. 01 8961116, www.douglashydegallery. com, Mo.–Mi., Fr. 11–18 Uhr, Do. 11–19 Uhr, Sa. 11–16.45 Uhr. Die Douglas Hyde Gallery auf dem Campus des Trinity College zeigt das ganze Jahr über sehenswerte Wechselausstellungen moderner Kunst.

⓯ [H7] **Gallery of Photography,** www.galleryofphotography.ie. Die Gallery of Photography präsentiert Arbeiten irischer und international renommierter Fotografen und stellt historische Fotografien aus.

㊲ [H4] **Dublin City Gallery The Hugh Lane,** www.hughlane.ie. Die Hugh Lane Gallery präsentiert die Arbeiten international renommierter Künstler und zeigt darüber hinaus eine ständige Ausstellung herausragender Gemälde, zumeist Bilder französischer Impressionisten. Außerdem werden Konzerte und Vorträge veranstaltet.

⓮ [J8] **Royal Hibernian Academy – Gallagher Gallery,** www.royalhibernian academy.ie. In der Royal Hibernian Academy – Gallagher Gallery stellen die Künstler der Kunstakademie regelmäßig ihre Arbeiten aus, zudem finden Wechselausstellungen statt.

◀ *Stöbern in einer Dubliner Galerie*

Dublin zum Träumen und Entspannen

Dublin hat nicht viele Orte, an denen man sich entspannen und seinen Tagträumen hingeben kann – auf solche Oasen haben die fantasielosen Stadtplaner und Kahlschlagsanierer nicht geachtet. Ihnen galt es, eine autogerechte Stadt als Ausdruck höchster Modernität zu erschaffen.

Die **grüne Lunge im Zentrum** der Metropole ist der neun Hektar große **St. Stephen's Green** ❶. Wege laden zu Spaziergängen ein, viele Bänke locken zum Verweilen, auf den Rasenflächen kann man picknicken, an den Wasserläufen und Seen den Enten und Schwänen zusehen – und bei alldem sorgt der große alte Baumbestand dafür, dass man den Verkehrslärm der Innenstadt nur noch gedämpft wahrnimmt.

Wirklich allein sein kann man im riesigen, über 700 km² großen **Phoenix Park** ❸ – selbst große Menschenmassen schluckt der Landschaftspark mühelos weg. Hier haben Tagträumer quadratkilometergroße Rasenflächen ganz für sich alleine.

Der große **Campus des Trinity College** ❺ bietet eine ganze Reihe von Grünflächen und versteckten Ecken, an denen man sich von den Spaziergängen durch das geschäftige Dublin

regenerieren kann. Bis hier reicht mit Sicherheit kein Verkehrslärm mehr heran.

Doch auch **kleine Oasen** sorgen für Entspannung: Das Dublin Writers' Museum ❸ hat im Hinterhof einen kleinen, windgeschützten Garten, in dem man in Ruhe sitzen kann. Schnell kommt man hier mit anderen Besuchern über die irischen Literaten ins Gespräch.

Der kleine **Garden of Remembrance** ❸, der an den Osteraufstand von 1916 erinnert, ist ebenfalls ein ruhiger Platz im hektischen Dublin. Entlang des künstlichen Wasserlaufs laden Bänke zum entspannten Sitzen oder Sonnenbaden ein.

Die **weiten Innenhöfe** der Collins Barracks ❷ und des Royal Hospital Kilmainham ❷ sind windgeschützte Sonnenfallen, in denen man in Ruhe draußen sitzen und noch einmal die Bestände der in diesen Häusern untergebrachten Museen am geistigen Auge vorbeiziehen lassen kann.

Wer dem faden *Continental Breakfast* der Touristenhotels einmal entkommen möchte, sollte in Bewley's Oriental Café (s. S. 21) in ansprechender Umgebung entspannt ein volles irisches *Cooked Breakfast* zum **ausgiebigen Frühstück** nutzen (siehe „Dublin für Genießer"). Bei regnerischem Wetter, das in Irland ja nicht so selten ist, sollte man in das Café Kylemore (s. S. 21) in der O'Connell Street/Ecke Earl Street North gehen. Durch die großen Fenster kann man bei Tee und Kuchen das Treiben auf den Straßen gut beobachten.

025du Abb.: hg

◀ *Im Phoenix Park* ❸ *residiert das irische Staatsoberhaupt*

Am Puls der Stadt

0O6du Abb.: hg

Eine solche Geschäftigkeit und Hektik hätte man der Hauptstadt eines kleinen Landes wie Irland eigentlich gar nicht zugetraut. Vom frühen Morgen bis zum späten Abend pulsiert die Metropole und der Besucher ist geneigt, in den gleichen schnellen Schritt zu verfallen wie die geschäftig umhereilenden Dubliner.

Das Antlitz Dublins

Dublin, Hauptstadt der Republik Irland und Administrationssitz des gleichnamigen County (Grafschaft), zählt etwa eine Million Einwohner und ist das wichtigste Industrie- und Handelszentrum der „Grünen Insel" sowie kultureller Mittelpunkt des Landes. Die Metropole schmiegt sich an die Dublin Bay. In den letzten beiden Jahrzehnten hat sich die Stadt an ihren Rändern immer weiter ins Umland ausgedehnt, so hat sie im Süden beispielsweise die einstigen Seebäder Dun Laoghaire und Dalkey „geschluckt".

Innerhalb des letzten Jahrzehnts hat Dublin **seine Provinzialität abgestreift** und ist zu einer europäischen Kapitale internationalen Zuschnitts geworden. Das liegt vor allem daran, dass 50 % der Einwohner unter 25 Jahre alt sind und so setzt sich immer stärker der **innovative Reformeifer der jungen Generation** gegen die alteingesessenen Traditionalisten durch. Das zeigt sich auch ganz deutlich in der urbanen Landschaft. Überall sind neue Läden für die Konsumwünsche der jungen Generation

entstanden: Klubs, Restaurants, Bars und Pubs ziehen die Nachtschwärmer an wie das Licht die Motten. So hat die irische Hauptstadt ein pulsierendes Alltagsleben, in das der Besucher gerne eintaucht.

Allerdings hat die 2008 begonnene weltweite **Wirtschaftskrise** Irland besonders hart getroffen. Heute gehört es in Dublin zur Realität, dass manche Häuser und Geschäfte leer stehen. Nachdem in den 1990er Jahren das klassische Auswanderungsland Irland zu einem Einwanderungsland geworden war, suchen nun wieder mehr und mehr alteingesessene wie neue Einwohner der Insel ihr Glück im Ausland.

In mittelalterlichen Zeiten waren **bettelnde Menschen** ein vertrauter Anblick in den Dubliner Straßenzügen, von jeher gehörten sie zum Alltag der Metropole und heute wie damals gelingt es den Ordnungshütern nicht, sie von ihren Plätzen zu vertreiben. Viele alte Quellen und frühe Chroniken widmen sich ausgiebig diesem Problem. Wie sehr Bettler zum öffentlichen Erscheinungsbild gehörten, zeigt auch der 1792 erschienene Bilderzyklus „A Picturesque and Descriptive View of the City of Dublin" des englischen Malers James Malton (1760–1803). Auf fast jedem der 25 Gemälde sieht man die Armen der Stadt (Maltons Bilder können u. a. in der National Gallery **7** besichtigt werden).

Der innerstädtische Teil der Metropole ist **verhältnismäßig klein und überschaubar**. Irlands Kapitale umrahmt die Dublin Bay. Eine urba-

◄ *Vorseite: Lebende Statue von James Joyce auf der Grafton Street* **3**

► *Im Stadtgebiet von Dublin ist der Fluss Liffey kanalisiert*

020du Abb.: ti

ne Achse wird durch den von West nach Ost fließenden **River Liffey** geformt, der im Stadtgebiet kanalisiert ist und die irische Hauptstadt in zwei annähernd gleich große Hälften teilt. Der nördliche Abschnitt ist der ärmere und weniger entwickelte, im südlichen Teil hingegen befindet sich der größte Teil des Zentrums mit den exklusiven Geschäften des gehobenen Einzelhandels, den guten Restaurants, den gemütlichen Pubs, den weitaus meisten Sehenswürdigkeiten und dem Temple-Bar-Bezirk, dem Soho von Dublin.

Für den fremden Besucher bietet der **südliche Teil** der Metropole sicherlich den Hauptanziehungspunkt. Hier schlägt das Herz der Stadt um die im georganischen Stil gehaltene Architektur rund um den Merrion und Fitzwilliam Square und um den großen, dekorativen Park St. Stephen's Green. Hier liegt auch das

altehrwürdige Trinity College, die älteste der Universitäten Dublins, mit ihrer berühmten Bibliothek. Nahebei beginnt die Grafton Street, eine Einkaufsflaniermeile mit guten Geschäften auch in den kleinen Nebenstraßen. Ebenfalls in der Nähe erstreckt sich direkt am südlichen Ufer des Liffey der Bezirk **Temple Bar** mit seinen vielfältigen künstlerischen Aktivitäten und einer hohen Kneipen- und Restaurantdichte.

Die **zweite innerstädtische Achse** verläuft von Nord nach Süd und wird von der O'Connell Street gebildet, die südlich vom Liffey in die verkehrsberuhigte Grafton Street übergeht. An der O'Connell Street befindet sich das General Post Office, das beim Osteraufstand von 1916 als Hauptquartier der Rebellen diente (s. Exkurs S. 38). Am Ende der O'Connell Street liegt der Parnell Square mit der Dublin City Gallery The Hugh Lane und dem

Dublin Writer's Museum ㊱, das die großen Literaten des keinen Landes umfassend würdigt. Im Westen der Stadt schließlich befindet sich die grüne Lunge der Metropole, der riesige Phoenix Park ㊸. Dort finden sich ein Zoo und die Residenz des irischen Präsidenten.

Gemessen an europäischen Metropolen wie London, Paris, Berlin oder Rom ist das Stadtzentrum von Dublin **vergleichsweise klein und überschaubar.** Die meisten Sehenswürdigkeiten können zu Fuß erkundet werden, Fahrten mit Bus- oder Straßenbahn sind nur selten nötig (s. S. 117).

Von den Anfängen bis zur Gegenwart

Irlands Geschichte ist eng mit der der Nachbarinsel verbunden. Seit dem 11. Jahrhundert versuchten die Herrschenden in London immer wieder und aus wechselnden Gründen, Irland zu kontrollieren oder gar kulturell zu assimilieren. Die Iren waren sich aber keineswegs immer und zu allen Zeiten einig, dass die Unabhängigkeit ihrer Insel, die 1921 größtenteils erreicht wurde, erstrebenswert sei oder Priorität habe.

Vorchristliche Zeit (7000 v. Chr. – um 400 n. Chr.)

um 7000 – um 6500 v. Chr.: Die ersten Siedler erreichen – vermutlich aus Schottland kommend – die Insel. Erste Siedlungen entstehen im Nordosten des Landes, von dort dringen die Einwohner langsam ins Inselinnere vor. Jagd und Fischfang bilden die Lebensgrundlage.
um 4500: Während der Jungsteinzeit beginnen die Bewohner der Insel mit

Landwirtschaft und die Töpferei wird eingeführt. Hügelgräber wie „Newgrange" zeugen bis heute von der Religiosität dieser Zeit.
um 1200 – 700 v. Chr.: Während der Bronzezeit behmen Krieger haben eine dominante Rolle in der Gesellschaft ein. Davon zeugen zahlreiche Waffenfunde, die eine gut entwickelte Technik der Metallverarbeitung belegen und sich heute im National Museum ⑪ befinden.
500 v. Chr. – 400 n. Chr.: Die irische (gälische) Sprache gelangt nach Irland. Lange Zeit gingen Historiker davon aus, dass Irland von den Gälen erobert und die ursprüngliche Bevölkerung unterworfen oder verdrängt wurde. Mittlerweile wird eher vermutet, dass sich die neue Sprache durch allmähliche Einwanderung und kulturellen Kontakt nach und nach durchsetzt. Anders als die Nachbarinsel wird Irland nicht Teil des Römischen Reichs. Allerdings kommt es zu Handel und Austausch, wovon die Funde römischer Münzen und Artefakte an Irlands Ostküste zeugen. Ein Schreibsystem (Ogham) entsteht: Auf Holz und auf länglichen Steinblöcken werden längs einer Kante Punkte und Striche eingeritzt, die je nach Länge, Anzahl und auf welcher Seite sie sich befinden, Lautwerten entsprechen. Die Ogham-Steine enthalten vor allem Eigennamen und dienten dem Anzeigen von Besitzansprüchen.

Frühchristliche Zeit (um 400–1152)

5. Jh.: Das Christentum setzt sich in Irland allmählich durch. Der Missionar Patricius schildert in zwei in Latein verfassten Briefen, wie er von irischen Piraten aus Britannien entführt wurde, Jahre später aus Irland floh und dann von Gott aufgefordert wurde, zur Bekehrung der Iren zurückzukehren. Als St. Patrick wird er später zum Nationalheiligen der Iren.

5.–9. Jh.: Zahlreiche Klöster entstehen und sie entwickeln sich, da es noch keine Städte gibt, zu neuen Machtzentren. Die Mönche produzieren zahlreiche Schriften, zunächst nur auf Latein, bald aber auch auf Irisch. Anderswo ist es noch undenkbar, in der Volkssprache (etwa Englisch oder Deutsch) zu schreiben. Irische Mönche ziehen als Missionare nach Großbritannien und auf den europäischen Kontinent. Das deutsche Wort "Glocke" wie auch das englische Wort "clock" stammen vom irischen Wort "clog" und zeugen vom irischen Einfluss jener Zeit.

um 800: Irische Klöster entlang der Küste werden wiederholt von Wikingern überfallen und geplündert. (siehe Exkurs „Die Wikinger", S. 101).

um 850: Die Wikinger beginnen Siedlungen zu gründen, aus denen bald die ersten Städte Irlands werden. So entsteht Dublin.

1014: In der Schlacht von Clontarf (bei Dublin) siegen Iren unter dem Hochkönig Brian Boru über ein Wikingerheer und deren irische Verbündete. Brian Boru kommt bei den Kämpfen ums Leben. Die Vorherrschaft der Wikinger in Irland ist gebrochen.

1152: Bei der Synode von Kells/Mellifont wird eine Neuorganisation der irischen Kirche beschlossen. Bistümer werden gegründet.

Normannische Epoche (1155–1534)

Normannen, die 1066 mit Wilhelm dem Eroberer (William the Conqueror) die Macht in England übernommen haben, setzen von Wales nach Irland über und erbeuten weite Landstriche.

1169: Um seine Vorherrschaft zu sichern, ruft der irische König Diarmait Mac Murchada von Leinster den normannischen König Englands Heinrich II. um Hilfe an. Dieser ist zwar nicht interessiert, erlaubt Diarmait aber, unter seinen normannischen Gefolgsleuten um Unterstützung zu werben. Richard Fitz Gilbert de Clare, alias „Strongbow", willigt im Gegenzug für seine Heirat mit Diarmaits Tocher und die Thronfolge in Leinster ein. Er erobert Leinster und wird nach Diarmaits Tod König.

1171: Heinrich II. befürchtet das Entstehen eines konkurrierenden normannischen Königreichs auf der Nachbarinsel und landet dort mit einer Armee. Strongbow und viele irische Könige und Fürsten erkennen ihn als ihren Herrscher an. So beginnt der Anspruch der englischen Krone auf Irland.

◀ *Keltische Hochkreuze finden sich noch viele in Irland*

021du Abb.: ti

1210: Heinrichs Sohn Johann Ohneland (John Lackland), Bruder von Richard Löwenherz, besucht Irland, um den anglo-normannischen Einfluss weiter zu stärken. Während der folgenden 50 Jahre fallen mehr als zwei Drittel des Landes an den anglo-normannischen Adel, in den restlichen Teilen der Insel regieren irische Adelige. Jedoch werden die neuen Herren rasch assimiliert und während der zweiten Hälfte des 13. Jh. verlieren sie an Einfluss.

1261: In der Schlacht von Calann (bei Kenmare) setzen die Iren ein erstes deutliches Zeichen für einen erfolgreichen Widerstand gegen die Anglo-Normannen. Diese werden darüber hinaus durch die Pestepidemie erheblich geschwächt.

1366: Mit den sogenannten „Statuten von Kilkenny" versucht die englische Krone, die Gälisierung der anglo-irischen Oberschicht zu stoppen, u. a. werden den anglo-normannischen Adeligen der Gebrauch der irischen Sprache sowie Ehen mit Irischstämmigen verboten. Diese Diskriminierungsversuche scheitern jedoch.

15. Jh.: Der Einfluss der englischen Krone geht zurück, die anglo-normannischen Adligen sprechen eher Irisch als Französich und Englisch und sind auch in kulturell kaum noch vom irisch-gälischen Adel zu unterscheiden.

Das Wiedererstarken der englischen Herrschaft (1534–1848)

1534: Heinrich VIII. (1509–1547) von England spaltet die englische Kirche von der katholischen. Damit der Papst und das katholische Europa Irland nicht als Machtbasis gegen ihn nutzen können, ist er bestrebt, seine Kontrolle über Irland zu stärken.

1541: Heinrich nimmt den Titel „König von Irland" an.

1558–1603: Unter Heinrichs Tochter Elisabeth I. werden die katholischen Iren weiterhin religiös und politisch unterdrückt. Irlands Norden (die Provinz Ulster) widersetzt sich erfolgreich für einige Zeit. Ein Aufstand der Adligen von Ulster wird 1603 niedergeschlagen. 1607 gehen diese Adligen heimlich ins freiwillige Exil.

1609: In dem als *Plantation* bezeichneten Besiedlungsprogramm werden Protestanten aus England und vor allem Schottland in Nordirland angesiedelt, um so den Einfluss der englischen Krone dort zu stärken. Dies ist die Wurzel des noch im 21. Jh. schwelenden Nordirlandkonflikts. Irlands Katholiken hatten im englischen Bürgerkrieg König Jakob I. *(James I.)* gegen das später siegreiche englische Parlament unterstützt.

1649: England wird Republik und der englische Lord Protector, Oliver Cromwell, schlägt den seit 1641 gärenden Aufstand der Iren brutal und grausam nieder.

1690: Schlacht am Fluss Boyne, in der sich zwei englische Könige gegenüberstehen: Der Katholik Jakob II. (englisch: James II.) wird von den katholischen Iren gegen den Protestanten Wilhelm von Oranien unterstützt, der die siegreichen Truppen befehligt. Die Engländer etablieren sich daraufhin noch stärker auf der Insel Irland.

1691: Englische Strafgesetze *(Penal Laws)* schließen irische Katholiken vom Recht auf Landbesitz aus. Englische und schottische Protestanten übernehmen weite Teile der Insel und reißen die politische Macht an sich *(Protestant Ascendancy)*. Viele Iren verzweifeln und wandern aus, für die in der Heimat Verbliebenen übernimmt die katholische Kirche die Führung. Verschärfte Handelsgesetze (Ausfuhrverbot für Wollwaren) machen aus Irland das Armenhaus Europas.

1782–1800: Großbritannien erkennt ein irisches Parlament mit mehr Selbstständigkeit an – allerdings sitzen nur Protestanten in dieser Versammlung, die von Henry Grattan geführt wird. Die protestantische Freiwilligenbewegung *(Volunteers' Movement)* erreicht handelspolitische und verfassungsrechtliche Verbesserungen für das irische Volk.

1798: Unter dem Einfluss der Französischen Revolution verlangen die „Vereinigten Iren" *(United Irishmen)* unter Führung von Theobald Wolfe Tone die Einführung der Republik in Irland. Tone wird von den Engländern verhaftet, begeht Selbstmord und geht als Märtyrer in die irische Geschichte ein.

1800: Das irische Parlament löst sich selbst auf, die Briten haben die meisten Abgeordneten bestochen.

1801: Der „Act of Union" tritt in Kraft: Irland wird dem Königreich Großbritannien angeschlossen, das nunmehr „Vereinigtes Königreich von Großbritannien und Irland" heißt. Irland hat nun 100 Abgeordnete im Londoner Parlament zu Westminster. Viele Grundbesitzer verlassen die Insel und lösen damit eine ökonomische Krise aus.

1803: Robert Emmet, Führer einer Widerstandsbewegung, wird hingerichtet. Geheimbünde (Blackfeet, Whitefeet) kämpfen gegen die verbliebenen Grundbesitzer.

1823: Daniel O'Connell gründet die *Catholic Association* und schafft damit eine Massenbewegung. Bei den sogenannten *Monster Meetings* artikulieren bis zu 500.000 Iren ihren Protest.

1829: O'Connell, mittlerweile Parlamentsabgeordneter, erreicht die Aufhebung der anti-katholischen Gesetze, auch Katholiken können nun ins britische Parlament einziehen.

▶ *Statue von Daniel O'Connell in der nach ihm benannten Straße [I5]*

1845–1851: *The Great Famine,* die „Große Hungersnot", fordert etwa eine Million Opfer, eine weitere Million Menschen wandert in die USA aus (s. Exkurs „Die Kartoffel und die ‚Große Hungersnot'"). Insgesamt verringert sich die Bevölkerung Irlands von anfangs 8,6 Mio. auf nur noch 6 Mio. Einwohner.

Kampf um nationale Unabhängigkeit (1848–1937)

1848: Der Aufstand des *Young Ireland Movement,* dessen protestantische Mitglieder einen Staat mit religiöser Toleranz fordern, scheitert.

1858: Irische Einwanderer gründen in den USA den Geheimbund *Irish Republican Brotherhood* mit dem Ziel, Irlands Unabhängigkeit von Großbritannien zu erreichen.

1870: Isaac Butt gründet die *Home Rule League,* die eine irische Selbstverwaltung fordert.

1879: Michael Davitt gründet die „Land-Liga" *(Land League)*, um irische Bauern vor Wucherzinsen zu schützen.

1885: Charles Stewart Parnell, seit 1875 Abgeordneter im britischen Unterhaus, avanciert zum Führer der irischen Nationalisten. Seine Forderung nach einem eigenen irischen Parlament wird – obwohl bereits vom britischen Unterhaus abgesegnet – vom Oberhaus torpediert.

Viele Protestanten in den nördlichen Grafschaften der Insel sind der Ansicht, dass die Union mit Großbritannien langfristig eher Vorteile für sie bringt, dementsprechend stellen sie sich gegen die Selbstverwaltungsziele der *Home-Rule*-Bewegung.

1893: Gründung der *Gaelic League* („Gälische Liga"), die sich um die gälische Sprache und die gälische Literatur bemüht.

1905: Gründung der Partei *Sinn Féin* („Wir selbst"), die eine politische und ökonomische Selbstverantwortung fordert und den passiven Widerstand gegen die Briten organisiert.

1913: In Dublin konstituieren sich die *Irish Volunteers* („Irische Freiwillige") , mit der Forderung nach irischer Selbstverwaltung.

Der Osteraufstand von 1916

*Das herausragende Ereignis der jüngeren irischen Geschichte ist ganz zweifellos der Osteraufstand von 1916, der bis zum heutigen Tag ein **einigendes Element der irischen Gesellschaft** ist.*

*Initiiert wurde die Rebellion für eine unabhängige irische Republik von einer **kleinen Gruppe innerhalb der Irish Volunteers,** die Unterstützung vom sozialistischen Führer der Irish Citizen Army, James Conolly, bekamen. Zur Führungsgruppe gehörten Patrick Pearse, Thomas MacDonagh, Joseph Plunkett und Tom Clarke. Sie alle hatten jedoch keine militärische Ausbildung, sondern waren Lehrer oder wie Pearse Dichter.*

*Vom ersten Tag an stand die gesamte Planung **unter keinem guten Stern.** Die Verschwörer – es war mitten im 1. Weltkrieg – wurden von Deutschland unterstützt, die Briten hatten jedoch den Funkcode des Gegners geknackt und wussten, dass in Irland große Ereignisse ihre Schatten vorauswarfen. Als die englische Marine dann vor der Küste von Kerry einen Frachter aufbrachte, der bei Nacht 20.000*

deutsche Gewehre löschte, glaubte die britische Führung allerdings nicht mehr, dass Gefahr im Verzug sei.

Da die außerhalb Dublins stationierten Truppen nun nicht mehr mit Waffen versorgt werden konnten, war der eigentliche militärische Führer der Irish Volunteers, Eoin MacNeill, gegen einen Aufstand und musste von den Verschwörern um Pearse festgesetzt werden. Schwere Bedenken äußerte auch ein weiteres Führungsmitglied, Michael O'Rahilly, der dann aber die Haltung einnahm: „Ich habe mitgeholfen, die Uhr aufzuziehen, jetzt will ich sie auch schlagen hören!" (William Butler Yeats hat ihm Jahre später diese Worte in den Mund gelegt.)

Am Ostermontag, dem Tag des Aufstands, zogen aus allen Himmelsrichtungen irische Truppen nach Dublin ein. Eine Gruppe von rund 50 Aktivisten kaperte eine Straßenbahn und ein Aufständler hielt dem Fahrer eine Pistole an den Kopf, damit er sie auf schnellstem Weg in die Innenstadt brachte. Der Anführer des Trupps zahlte inzwischen den korrekten Fahr-

1916: Am 24. April rufen die „Irischen Freiwilligen" in Dublin die Republik aus. Die Briten schlagen diesen als „Osteraufstand" bekannten Unabhängigkeitsversuch brutal nieder und exekutieren die Führer des Freiheitskampfs (s. Exkurs „Der Osteraufstand von 1916").

1919: Die Abgeordneten der Partei Sinn Féin nehmen ihre Plätze im Londoner Unterhaus nicht ein und gründen stattdessen in Dublin ein eigenes Parlament (Dáil Éireann). Sie rufen die Unabhängigkeit der Insel aus und etablieren eine Regierung unter Éamon de Valera (1882–1975).

1919–1921: Unabhängigkeitskrieg gegen die Briten, getragen von der *Irish Republican Army* (IRA).

Das unabhängige Irland

1921: Am 6. Dezember unterzeichnen die Führer der Unabhängigkeitsbewegung den Anglo-Irischen Vertrag. Irland wird ein Freistaat, das heutige Nordirland verbleibt bei Großbritannien.

1921–1923: Einige Beteiligte des Unabhängigkeitskrieges lehnen den Kompromiss mit Großbritannien ab. Dieser bedeutet zwar ein Ende des Krieges und

---

preis für seine Männer beim Schaffner. Während die Iren in der ganzen Stadt Schlüsselstellungen besetzten, verlas Patrick Pearse vor dem Hauptpostamt von Dublin die **Unabhängigkeitsproklamation.**

Die Briten brachten am nächsten Tag Truppen auf die Insel, die nach Dublin vorrückten und in den folgenden Tagen die Stadt zurückeroberten. Am Freitag schließlich beschossen sie das Postamt, die Zentrale des Aufstands. Michael O'Rahilly unternahm mit einigen Männern einen Ausfall und wurde dabei getötet. Danach gab Patrick Pearse auf. 300 Zivilisten, 60 Aufständische und 130 englische Soldaten waren ums Leben gekommen.

Der Osteraufstand war bei den Dublinern eher unpopulär und hätte bis heute nicht so ein Echo in der Öffentlichkeit gefunden, wenn die **Reaktion der Briten nicht dermaßen brutal** *gewesen wäre. Drei Tage nach dem Ende der Revolte wurden Patrick Pearse, Tom Clarke und Thomas MacDonagh im Hof des Gefängnisses Kilmainham* **28** *erschossen. Einige Wochen*

später starben Willie Pearse, der Bruder von Patrick, der nichts mit dem Aufstand zu tun hatte, Joseph Plunkett und zwei weitere prominente Anführer der Rebellion unter den Kugeln des Erschießungskommandos. Plunkett hatte wenige Stunden zuvor in der Gefängniskapelle seine Jugendliebe geheiratet, ein privates Abschiednehmen von 10 Minuten war den beiden nicht gestattet worden.

Diese **Hinrichtungen** *reichten den Briten noch nicht; in den folgenden Tagen kamen weitere 70 Männer – viele davon waren wie Willie Pearse unschuldig – vor die Erschießungskommandos im Hof des Dubliner Gefängnisses. Als Letzter starb dort am 12. Mai 1916 James Conolly. Er war während der Kämpfe schwer verwundet worden, konnte nicht stehen und wurde auf einem Stuhl sitzend erschossen.*

Ein so unverhältnismäßiges Vorgehen gegen eine kleine Gruppe von Idealisten empörte nicht nur die irische Bevölkerung und schuf die **geistige Grundlage für die Unabhängigkeit von 1921.**

ein Ende der Zugehörigkeit Südirlands zum Vereinigten Königreich, aber das Land hat nun einen Status wie Kanada: Der englische König ist weiterhin das Staatsoberhaupt des *Irish Free State*. Unter Führung des Vertragsgegners Éamon de Valera kommt es zum irischen Bürgerkrieg, über 4000 Menschen kommen dabei ums Leben. Die Regierung überlebt die Rebellion zwar politisch, lässt jedoch mehr Gegner hinrichten als die Briten während des Unabhängigkeitskrieges. Ein breiter Riss zieht sich durch die gesamte irische Gesellschaft.

1926: Mit der Gründung der *Fianna-Fáil*-Partei (irisch: „Soldaten Irlands", oft als „Soldaten des Schicksals" übersetzt) unter Führung von de Valera werden die ehemaligen Gegner des Freistaats zu politischen Mitgestaltern. Unter ihnen werden in den kommenden Jahrzehnten nach und nach alle verbleibenden Verbindungen zu Großbritannien gelöst. Einigen Nationalisten geht die Integration der Vertragsgegner in den Freistaat zu weit. Sie behalten die Namen Sinn Féin und IRA und lehnen sowohl den irischen Staat als auch die britische Herrschaft über Nordirland ab.

1932: Wahlsieg der *Fianna Fáil*, Éamon de Valera übernimmt das Amt des Ministerpräsidenten, das er bis 1948 innehat.

1933: Aus der Partei der Vertragsbefürworter geht die Partei *Fine Gael* (irisch: „Stamm der Gälen") hervor. *Fianna Fáil* und *Fine Gael* sind bis heute die zwei großen Volksparteien Irlands.

1937: Irland gibt sich eine neue Verfassung und erklärt sich zu einem souveränen und demokratischen Staat mit dem Namen *Éire* („Irland" auf Irisch), dem nun ein Staatspräsident vorsteht.

1939–1945: Im Zweiten Weltkrieg nimmt Irland eine neutrale Position ein. Weder will man Großbritannien offen unterstützen noch das Deutsche Reich verärgern, aber hinter den Kulissen kooperiert Irland mit seinem mächtigen Nachbarn durch geheimdienstliche Informationen und die Internierung deutscher Piloten.

1949: Unter einer großen Koalition mit *Fine Gael* als stärkster Partei und mit *Fianna Fáil* in der Opposition tritt Irland aus dem Commenwealth aus. Der Staat wird in Republik Irland umbenannt. Auf diese

▲ *Parade am St. Patrick's Day*

Weise wollen die innenpolitischen Gegner von *Fianna Fáil* vor allem ihren Patriotismus unter Beweis stellen.

1955: Irland wird Mitglied der Vereinten Nationen (UNO).

1973: Über 80 % der Iren sind für einen Beitritt zur Europäischen Gemeinschaft (EG), der am 1. Januar erfolgt.

1979: Weithin grassierende Arbeitslosigkeit: 10 % aller Iren sind ohne Beschäftigung.

1985: Mit knapper Mehrheit entscheiden sich die Abgeordneten im Parlament für die Einführung empfängnisverhütender Mittel und widersetzen sich damit dem (bis dato starken) Einfluss der katholischen Kirche.

1986: Die Einführung und Legalisierung der Ehescheidung wird in einem Referendum mit großer Mehrheit abgelehnt.

1987: Die Arbeitslosigkeit steigt weiter und eine Auswanderungswelle – die größte seit Jahrzehnten – rollt an.

1990: Mary Robinson wird gegen den Einfluss der Kirche zur ersten irischen Präsidentin gewählt. Die Arbeitslosigkeit erreicht die 20-Prozent-Marke.

1991: Dublin ist Kulturhauptstadt Europas und erlebt einen Besucherboom.

1995/96: Das Verbot der Ehescheidung wird in der Republik Irland aufgehoben.

1997: Die bei den Iren sehr beliebte linksliberale Präsidentin Mary Robinson wechselt als Hochkommissarin für Menschenrechte zu den Vereinten Nationen. Ihre Nachfolgerin wird die konservative Mary MacAleese.

1999: 94 % der irischen Wähler stimmen dafür, dass die Republik Irland in ihrer Verfassung den territorialen Anspruch auf Nordirland aufgibt und stattdessen eine Wiedervereinigung beider Teile Irlands mit friedlichen Mitteln angestrebt wird. Vorausgegangen waren dieser Volksabstimmung jahrelange Verhandlungen zwischen den politischen Parteien und paramilitärischen Gruppen Nordirlands sowie den Regierungen Großbritanniens und der Republik Irland. Die Verfassungsänderung war der Beitrag, den der irische Staat im nordirischen Friedensprozess leisten musste. Mittlerweile hat der seit den 1960er Jahren schwelende Nordirlandkonflikt praktisch ein Ende gefunden, die meisten paramilitärischen Gruppen haben ihre Waffen abgegeben.

2001: Die Maul- und Klauenseuche findet von England auf die „Grüne Insel".

2002: Der Euro wird offizielles Zahlungsmittel und ersetzt das Irische Pfund.

2007: Seit fast einem Jahrzehnt boomt die irische Wirtschaft mit einem jährlichen Wirtschaftswachstum von bis zu 7 %, weshalb die Republik Irland in Anlehnung an die schnell wachsenden ostasiatischen Volkswirtschaften als „Celtic Tiger" bezeichnet wird. Die „Grüne Insel" hat zum ersten Mal wieder über vier Millionen Einwohner – die Emigration ist schon seit Jahren gestoppt, viele Iren sind zurückgewandert. Seit 2004 sind zudem Tausende Polen und Balten nach Irland eingewandert. Irland ist mittlerweile nach Luxemburg das zweitreichste Land der EU (gemessen am Bruttoinlandsprodukt pro Einwohner).

Diese erfreuliche Entwicklung im einstigen Armenhaus Nordeuropas hat aber auch eine dunkle Kehrseite. Irland weist die zweithöchste Inflationsrate aller EU-Länder auf, die Immobilienpreise haben sich in Dublin verzehnfacht, im übrigen Land verfünffacht, ein Drittel aller Iren ist überschuldet und die öffentliche Infrastruktur kann nicht mit der gebotenen Geschwindigkeit an die Bedürfnisse der Bevölkerung angepasst werden. Die Städte wuchern scheinbar ohne urbane Planung wie wild ins Umland und zersiedeln die Landschaft – in Anlehnung an den deutschen Bombenkrieg über England spricht man bezüglich dieser Entwicklung von einem „Bungalow Blitz".

Die Kartoffel und die „Große Hungersnot"

*Als sicher gilt, dass im Jahre 1577 dem englischen Freibeuter Sir Francis Drake in Peru die ersten Kartoffeln angeboten wurden. Elf Jahre später, 1588, spülten die Wellen aus einigen Wracks der geschlagenen Spanischen Armada die ersten Knollenfrüchte an die Küste Westirlands und bereits um 1625 war die Kartoffel das Hauptnahrungsmittel auf der „Grünen Insel". Die nahrhafte Knolle aus dem südamerikanischen Hochland entpuppte sich als ideale Feldfrucht für die Iren. Da die Böden fast auf der gesamten Insel äußerst schlecht waren und die Engländer die Bevölkerung zudem in die unfruchtbarsten Gebiete abgedrängt hatten, konnte nur mit dieser genügsamen Knolle eine **Nahrungsmittelsteigerung** vorgenommen werden.*

*Die Kartoffel, Solanum tuberosum, wuchs ursprünglich in hohen Bergregionen, war an karge Böden, lange Nächte mit niedrigen Temperaturen und an trockene Zeiten gewöhnt. Auch im feuchten und kalten Irland mit seinen relativ langen Tagen und den armen Böden fand die Knolle **ideale Wachstumsbedingungen.***

Hinzu kam, dass man für den Kartoffelanbau keinerlei Werkzeuge benötigt, denn notfalls reichen zum Ernten die eigenen Hände aus. Die Feldfrucht muss nicht, wie beispielsweise das Getreide, gedroschen werden. Ein Torffeuer und ein Wassertopf sind alles, was nötig ist, um eine nahrhafte Mahlzeit auf den Tisch zu bringen.

*Schnell hatten die Iren auch die effektivste und zeitsparendste Art herausgefunden, wie man die Knolle pflanzt: in einem **Hügelbeet** nämlich, das auf jedem beliebigen Boden anlegbar ist. Das Gelände muss nicht flach und eben sein, auch Steine stören nicht und da sich das Beet selbst entwässert, ist ein Berghang ebenso geeignet wie eine sumpfige Region. Auf einen Streifen Land legt man irgendeinen Dünger, Seetang oder Torf, verteilt auf die Knollen und gräbt rechts und links einen Graben, dessen Erde man über die Kartoffeln häuft – fertig ist das Hügelbeet.*

*Schon die Erträge eines halben Morgens Land (etwa ein Viertel Hektar) reichten aus, eine Familie über das Jahr zu bringen, vorausgesetzt dass zusätzlich Milch, ab und an Fleisch oder Fisch, Speck und Käse zur Verfügung standen. Des Weiteren war solch ein Hügelbeet **gegen Frost immun** und wenn keine Lagermöglichkeiten vorhanden waren, diente es auch noch als Lagerplatz für die ausgewachsenen Knollen, die täglich nach Bedarf herausgeholt wurden und in den Kochtopf wanderten.*

Da die Iren ihre Felder also nicht beackerten, sondern die ausgegrabene Grasnarbe einfach umgekehrt auf die Knollen und den Dünger häuften, nannten die Engländer diese Beetanlage „Lazy Bed" und drückten damit ihre Verachtung gegenüber den „faulen" Inselbewohnern aus. Die arroganten Briten wussten natürlich nicht, dass im peruanischen Hochland diese Hügelbeettechnik schon vor Jahrhunderten entwickelt worden war und als besonders ideal für den Anbau von Kartoffeln galt.

*Mit dem neuen Nahrungsmittel begann eine **Bevölkerungsexplosion,** die in Europa ihresgleichen sucht. 1660, rund 35 Jahre nach Einführung der Kartoffel, lebten 500.000 Iren auf der „Grünen Insel", 28 Jahre später* hatte sich die Bevölkerung auf 1,25 Mio. mehr als verdoppelt. Von 1760 bis zum Jahr 1840 wuchs die Bevölkerung von 1,5 Mio. auf 9 Mio. an – eine Steigerung von 600 % in nur 80 Jahren (eine schier unglaubliche Zahl, wenn man sich vor Augen hält, dass Irland heutzutage gerade einmal gut 4 Mio. Einwohner zählt).

Ohne die Kartoffel hätte das Land maximal 5 Mio. Iren mit Nahrung versorgen können und das auch nur dann, wenn es einen organisierten Getreidehandel gegeben hätte, den man in jenen Tagen auf der Insel jedoch nicht kannte. Zudem waren in diesen Jahren die Preise für Weizen und Roggen sehr hoch, die armen Iren hätten Getreide gar nicht bezahlen können.

Da nun also **ein ganzes Volk von einer einzigen Feldfrucht abhängig** war, brachte eine Missernte die Bevölkerung in eine lebensbedrohliche Situation und die irischen Chroniken berichten von schlimmen Zeiten: Zwischen 1724 und 1749 kam es fünfmal zu einem Ernteausfall, die Jahre zwischen 1750 und 1774 waren ebenfalls von fünf Missernten betroffen, in zwei Jahren war es gar so schlecht, dass man von einer Hungersnot sprach. Hilfsmaßnahmen wurden unternommen und die wenigen Getreideexporte stellte man ein.

Zwischen 1775 und 1799 kam es wiederum in fünf Jahren zu Missernten und zwischen 1800 und 1824 forderten neun Hungerjahre ihren Tribut. Allein 1821 starben 250.000 Menschen aufgrund fehlender Nahrungsmittel sowie durch Cholera und Typhus. Zwischen 1829 und 1845, dem Jahr, in dem die „Große Hungersnot" begann, gab es in einem Zeitraum von 17 Jahren nur fünf normale Ernten. Die irische Bevölkerung stand **permanent am Rande des Hungertodes.**

Wie kam es zu solcherart verheerenden Ernteausfällen? Wie jede andere Feldfrucht konnte auch die Kartoffel von Schädlingen befallen werden. Um das Jahr 1750 tauchte zum erstenmal die **Trockenfäule** auf. Die eingelagerten, scheinbar gesunden Knollen wurden von einem Pilz, dem Fusarium caeruleum, befallen. Die Kartoffeln trockneten aus, schrumpften zusammen und waren schließlich nur noch eine ungenießbare holzähnliche Masse. Man stelle sich das Entsetzen der Bauern vor, die im Juli/August zufrieden ihre scheinbar gesunde Ernte einlagerten und dann um Weihnachten feststellen mussten, dass sie bis zum nächsten Herbst nichts mehr zu essen hatten.

1770 kam zu diesem Pilzbefall die **Kräuselkrankheit** hinzu, die sich die folgenden 40 Jahre epidemisch ausbreitete. Hierbei handelte es sich um eine Virusinfektion, die von Blattläusen übertragen wurde. Der Virus verhinderte das Wachstum der Pflanzen und ohne dass es erkennbar gewesen wäre, konnten bis zu 70 % eines Feldes infiziert sein. Auch hier muss das Entsetzen der Bauern groß gewesen sein, wenn sie auf dem scheinbar gesunden Acker ernten wollten.

1795 machte der Schimmelpilz Botrytis cinerea die Hoffnungen der Farmer zunichte. Der Pilz schlug sich auf den Pflanzen nieder und entzog ihnen die Feuchtigkeit, sodass diese austrockneten und schrumpften. Es sollte jedoch noch schlimmer kommen. 1833 trat die **Schwarzfäule** auf, deren Erreger erst die Blätter befiehl und dann die Knolle vernichtete. Wenn kranke und gesunde Kartoffeln gemeinsam gelagert wurden, so steckten infizierte Knollen auch die noch nicht befallenen Früchte an.

Die wahre Katastrophe aber, die sogenannte „Große Hungersnot" der Jahre 1845-1851, verursachte die **Braunfäule** oder auch der sogenannte **„Brand"**, ausgelöst durch den Pilz Phrytophthora infestans. Im Juni 1845 sichtete man diesen Kartoffelkiller erstmals auf der Isle of Wight, am 1. August waren bereits alle europäischen Länder betroffen, Irland selbstverständlich auch.

Wie bei den anderen Kartoffelkrankheiten auch, deutete bei der Braunfäule im Juni, Juli und August des Jahres 1845 nichts auf einen möglichen Ernteausfall hin. Die Bauern hatten hinzugelernt, inspizierten regelmäßig ihre Pflanzen und sahen einem guten Ertrag entgegen. Keine der gefürchteten Krankheiten war bisher aufgetreten und die Iren schauten voller Optimismus in die Zukunft. Da jedoch wurden die Felder innerhalb weniger Tage plötzlich braun, dann schwarz und stanken entsetzlich - die **gesamte Ernte war auf einen Schlag vernichtet.**

In den folgenden sechs Jahren **starben über eine Million Menschen an Hunger,** eine weitere Million wanderte aus und schiffte sich auf den überfüllten „Kartoffelsärgen" nach Nordamerika ein.

Im schlimmsten Jahr der großen Hungersnot kam auch noch die **Cholera** hinzu, 36.000 Menschen starben an der Seuche. „Die Sterbenden trugen die Toten", so heißt es in einem Bericht. Dem Ausmaß der Katastrophe konnte sich auch der britische Premier Rohert Peel nicht verschließen und er erklärte öffentlich: „Wie viel Diarrhö, blutigen Ausfluss, Dysenterie muss ein Volk ertragen, bis man beschließt, ihm mit Nahrung zu helfen?"

Diese Worte kosteten ihn sein Amt, Ende des Jahres 1845 musste er, gezwungen vom Parlament, seinen Hut nehmen. Der Schatzmeister seiner Majestät allerdings, Charles Trevelyan, blieb auf seinem Posten. Er hatte die Hungersnot als eine **Strafe Gottes für ein rebellisches und undankbares Land** bezeichnet und die Hilfsgelder so weit wie möglich heruntergedrückt.

Der Schock der Hungersnot war so groß, dass die Massenauswanderung über viele Jahrzehnte weiter anhielt und die **Bevölkerungszahlen dramatisch nach unten** gingen. Friedrich Engels, der im Jahr 1856 eine Reise durch Irland unternahm, zeigte sich von den Auswirkungen der Hungersnot mehr als betroffen. In einem Brief an Karl Marx schrieb er: „Eigentümlich sind in dem Land die Ruinen. Im ganzen Westen, besonders aber in der Gegend von Galway, ist das Land mit solchen verfallenen Bauernhäusern bedeckt, die meist erst seit 1846 verlassen sind. Ich habe nie geglaubt, dass eine Hungersnot eine so handgreifliche Realität haben könne. Ganze Dörfer sind verödet, und dazwischen dann die prächtigen Parks der kleinen Landlords, fast die Einzigen, die dort noch wohnen. Hungersnot, Auswanderung und Clearances zusammen haben das fertiggebracht. Dabei nicht einmal Vieh auf den Feldern; das Land ist eine komplette Wüste, die niemand haben will."

Seit 2008: Die weltweite Wirtschaftskrise führt zu einem abrupten Ende des irischen Wirtschaftswunders. Das Bruttosozialprodukt fällt um gewaltige 17 %. Die Staatsausgaben sind nicht mehr finanzierbar und die EU drängt der Republik Irland einen harten Sparkurs auf, der zu Unmut und Protesten in der Bevölkerung führt.

2011: *Fianna Fáil,* die stärkste politische Partei seit fast einem Jahrhundert, die bislang selten weniger als 40 % der Stimmen erlangte, wird bei der Parlamentswahl von nur noch 17 % der Iren gewählt. Die Koalition von *Fianna Fáil,* der Grünen Partei und den *Progressive Democrats* wird durch eine Koalition von *Fine Gael* und *Labour* abgelöst.

Mai 2011: Königin Elizabeth II. besucht als erste britische Monarchin das unabhängige Irland. Ihr Besuch erweist sich als voller Erfolg. Bei einem Staatsempfang bei der Präsidentin Mary McAleese beginnt die Königin ihre Rede auf Irisch und die Fernsehkameras zeigen, wie die Präsidentin mehrmals deutlich das Wort „wow" artikuliert. Die Ansprache, in der Königin Elizabeth II. ihr Bedauern über „Dinge, von denen wir wünschten, dass wir sie anders oder gar nicht getan hätten", ausdrückt, wird von allen Seiten des politischen Spektrums positiv aufgenommen.

Mai 2011: Der Besuch des amerikanischen Präsidenten Barack Obama bringt Abwechslung vom Alltag in der Wirtschaftskrise. Obama besucht auch den kleinen Ort Moneygall, von wo sein irischer Vorfahre Joseph Kearney 1849 nach Ohio auswanderte. Obamas irische Wurzeln sind in Irland schon seit 2008 durch das Lied „There's No One As Irish As Barack O'Bama" von Hardy Drew and the Nancy Boys bekannt.

November 2011: Michael D. Higgins *(Labour Party)* wird in das repräsentative Amt des Staatspräsidenten gewählt.

Leben in der Stadt

Dublin wird **von zwei gewählten Körperschaften regiert,** vom *Dublin City Council* (auch *Dublin Corporation* genannt) und vom *Dublin County Council.* Ersteres wählt jedes Jahr den *Lord Mayor,* den Oberbürgermeister, der dann während seiner Wahlperiode im eleganten Mansion House ⑫ residiert.

So paradox es klingt, aber Dublin hatte mit den Auswirkungen des rasanten Wirtschaftswachstums hart zu kämpfen und versuchte, die daraus resultierenden Probleme in den Griff zu bekommen. Doch 2008/2009 traf die weltweite Finanzkrise die irische Wirtschaft mit voller Härte, der Aufschwung wurde jäh gestoppt und die Arbeitslosigkeit stieg dramatisch an.

▲ *Busker, Straßenmusikanten, auf der Grafton Street*

Viele Bewohner der Metropole waren während des wirtschaftlichen Aufschwungs vor den exorbitant gestiegenen Immobilienpreisen ins Umland geflohen, bauten dort ihre Häuser und fahren nun allmorgendlich mit dem Auto zur Arbeit ins Zentrum. Das führt zur **Zersiedelung der Stadtränder** und zum **Verkehrsinfarkt auf den Straßen** – Irland ist die Gesellschaft in der EU, die am stärksten vom Auto abhängt.

Der wirtschaftliche Aufschwung basierte zu einem beachtlichen Teil auf dem Anstieg der Hauspreise. Viele Hausbesitzer hatten das Gefühl, immer reicher zu werden. Immobilien erschienen als eine sichere und schnelle Geldanlage und hohe Kredite wurden ohne Bedenken vergeben. 2008 platzte diese **Immobilienblase** schließlich. Die Immobilienpreise in Dublin sind seit ihrem Höchststand 2006 bis Ende 2011 um 51% gefallen. Dennoch ist es für viele Dubliner unmöglich, ein Haus zu kaufen oder umzuziehen. Zum einen ist es nach der exzessiven Vergabe von Krediten bis 2008 heute sehr schwierig, eine Hypothek zu bekommen. Zum anderen sind viele Dubliner durch *negative equity* (negatives Eigenkapital) gefangen: Die Häuser sind weniger wert als die Hypothek, die abzuzahlen ist.

Weiter kommt hinzu, dass Dublin aufgrund der hohen Geburtenrate und der Abwanderung vieler Bewohner aus strukturschwachen Regionen **stetig an Einwohner gewinnt,** für die aber die derzeitige Infrastruktur nicht annähernd ausgelegt ist. Die Stadtverwaltung befürchtet, dass der Dubliner Großraum um 2030 an die 2,5 Mio. Einwohner zählen könnte – damit würde die Hälfte aller Iren in der Kapitale wohnen! Die Anstrengungen, die zur Lösung dieser Probleme unternommen werden, sind beträchtlich, verpuffen jedoch, wenn sich diese Prognosen bewahrheiten – und daran zweifelt eigentlich niemand. Aufgrund des enormen Verkehrs ist die Luftverschmutzung hoch und es kann nur noch eine Frage der Zeit sein, wann eine City-Maut nach Londoner Vorbild eingeführt wird.

Auch der **öffentliche Nahverkehr** muss weiter ausgebaut werden, um den Individualverkehr weitgehend aus der Stadt zu verdrängen. Ein erster Schritt dazu stellt die neue Luas-Straßenbahn dar, doch auch sie reicht in Verbindung mit den vielen Doppeldeckerbussen nicht aus, um die zu bewegenden Massen schnell ans Ziel zu bringen (s. S. 117). Busse und Bahnen sind nicht nur während der Rushhour völlig überfüllt.

Immerhin versuchen die staatlichen Autoritäten zu reagieren: Irland hat als erstes Land der EU in öffentlichen Räumen und an den Arbeitsplätzen das Rauchen komplett untersagt, hat durch eine Gebühr auf Plastiktüten deren Verteilung fast auf Null reduziert und Müllgebühren eingeführt, die sich am **Umweltschutz** orientieren. Wer seinen Unrat nur alle drei Wochen abholen lässt, der zahlt weniger als die Hälfte von dem, der jede Woche die Abfalltonne leeren lässt. Den Iren gilt der Umweltschutz als nicht sonderlich wichtig, doch so am Geldbeutel gefasst ändert sich das Verhalten schlagartig.

Viel wurde in den letzten Jahren auch in die **Stadtentwicklung** investiert. Ganzen Stadtvierteln rückten die Restauratoren zu Leibe, renovierten und sanierten. Zudem wurden im Eiltempo neue neue Gebäude aus dem Boden gestampft. Und nach wie vor wird weiter gebaut – das Stadtbild ändert sich dadurch ständig.

Bloomsday

Am 16. Juni 1954 beschlossen vier
Männer im Pub Bailey's, von nun an
jährlich den Tag zu feiern, an dem
Mr. Leopold Bloom, der Protagonist
des „Ulysses", durch Irlands Haupt-
stadt zog.

Wie sich dieses spontane Ereignis
wohl zugetragen haben mag, das be-
schrieb Reiner Luyken sehr einfühl-
sam und aus tiefer Kenntnis der irischen Pubkultur in der Wochenzei-
tung „Die Zeit":

„Der Barmann stand auf dem Tresen und teilte über die Köpfe der Zecher hinweg Stout und Lagerbier aus.
Die Jungs hinter dem Tresen zogen
das Bier wie außer Kontrolle geratene
Marionetten von den Hähnen, ließen
die Kassenschublade auf- und zufah-
ren, stopften feuchte Geldscheine hinein und zählten hastig das Wech-
selgeld aus. Der sägemehlbestäubte
Steinboden war seimig vom Straßen-
sud und Bier. Dubliner Traulichkeit.

Stattlich und feist stand ein Mann
am Tresen, stattlich und feist wie
Buck Mulligan. ,Ulysses', Kapitel 1.
Von meinem Schemel aus betrachte-
te ich das in seiner Länge pferdehafte
Gesicht und das helle untonsurierte
Haar, das fleckig getönt war wie mat-
te Eiche. Ein kleiner Kerl mit Ziehhar-
monikaaugen fingerte einen furiosen
Spindeltanz auf seinem Instrument.
Ein Dudelsackpfeifer traktierte mit
derber Entschlossenheit seine blank-
gewetzte Melodieflöte. Füße tapp-
ten den fliegenden Rhythmus auf die
Steinfliesen. Unvermittelt brach der

Dudelsackspieler ab und deklamier-
te lallend: ,It's Bloomsday tomorrow.
Let's get the fucking context right.'

Vielleicht hatte es genauso ange-
fangen, damals, 1954. Ein Zecher
sprang auf und schrie: ,Morgen ist
Bloomsday. Das woll'n wir doch mal
auf die Reihe bringen!'"

So oder so ähnlich wird es wohl gewesen sein. Sicher ist auf alle Fälle,
dass die **Literaten John Ryan, Patrick
Kavanagh, Flann O'Brien und Antho-
ny Cronin** eine Feier zum Bloomsday
im Bailey Pub (s. S. 25) beschlossen
und dass der Tag mit einem allmäch-
tigen Gelage in Sandymount endete.
Jahrelang beging man den Bloomsday nur im engsten Kreis, 1977 dann
kostümierte sich erstmals der Kunst-
maler, Galerist und Verleger Gerald
Davis als Leopold Bloom und spazier-
te durch Dublin – seither tut er es jedes Jahr und heute mit ihm ein paar
tausend Menschen mehr.

▶ *Die in den Bürgersteigen einge-*
lassenen Kupfertafeln markieren die
Stationen des Leopold Bloom

Bloomsday

Bereits 1982, zum 100. Geburtstag von Joyce, feierte man das Ereignis schon im großen Stil und nicht nur einen Tag lang. Dublins Stadtväter hatten erkannt, dass sich die Touristensaison, die eigentlich erst im Juli so richtig in Schwung kommt, durch ein solches Fest rund einen Monat früher starten lässt. Damit geht es – so behauptet Bruce Arnold, Literaturkritiker bei der Tageszeitung „Irish Independent" – mit dem Bloomsday langsam zu Ende: „Ein typischer Dubliner Suppentopf, von dem jeder sein Fett abschöpfen möchte. Joyce ist nur noch **ein Vorwand für Reklame und Konsum, ein Vorwand für Exzesse.**"

Leider, so muss man feststellen, hat der Mann recht. 1991 – Dublin war in diesem Jahr Europas Kulturhauptstadt – verloste Shell Ireland an den hauseigenen Tankstellen Freikarten für ein großes Bloomsday-Frühstück im Royal Marine Hotel von Dun Laoghaire. Dublin Tourism organisierte ein Festzelt für ausländische Journalisten, wo diese bis zur Bewusstlosigkeit schlemmen und vor allem trinken konnten. Die Guinness-Brauerei investierte 20.000 Pfund in Freibier und Entertainment und Bailey's Irish Cream finanzierte – zugegebenermaßen zurückhaltender als die protzenden Guinness-Brauer – eine Vorlesungsserie über Joyce. „Die Identifikation mit dem Namen Joyce", so sagte Lewis Clohessy, der Direktor des Organisationskomitees Dublin '91 – Kulturhauptstadt Europas, „erhöht das Qualitätsimage einer Firma."

Wie dem auch sei, alljährlich am 16. Juni begehen die Bürger und die Besucher Dublins den Bloomsday mit großen **Feiern, Umzügen und Pubbesuchen.** Da flanieren dann **Joyce-Anhänger in edwardianischer Kleidung** durch die Metropole, deklamieren Passagen aus dem „Ulysses" und folgen den Spuren des Romanhelden Leopold Bloom. Um den Bloomsday herum, vorher und nachher, finden viele unterschiedliche Festivitäten und Feiern statt – ein Tag reicht schon lange nicht mehr aus, um alle Veranstaltungen unter einen Hut zu bringen.

Die drei wichtigsten Anlaufstationen beim Bloomsday-Rundgang sind der Pub Davy Byrne's (s. S. 24) in 21 Duke Street, von dem es im 8. Kapitel des Romans heißt: „Anständiges Lokal. Kein Schwätzer der Wirt. ,Ich nehme ein Glas Burgunder und ein Käsesandwich. Gorgonzola, haben Sie?'" Es folgt in Nr. 29 Westmoreland Street das Lokal Harrison's, in dem bei Joyce der gleichnamige Konditor sein Geschäft hatte, und schließlich wird das Ormond Quay Hotel am Ormond Quay besucht, das eine wichtige Rolle in der Sirenen-Episode spielt. Hier speist Leopold Bloom mit seinem Onkel Ritchie Golding und erweist sich wie sein Held Odysseus als immun gegen die Sirenen, die von den Barfrauen symbolisiert werden. Sämtliche **18 Stationen,** die Leopold Bloom im „Ulysses" kreuz und quer durch Dublin besucht, sind **durch Kupfertafeln im Trottoir gekennzeichnet.**

Joyce wählte den 16. Juni übrigens deshalb, um alle Welt daran zu erinnern, dass er an diesem Tag zum erstenmal ein **Rendezvous mit seiner späteren Frau,** Nora Barnacle, hatte, der er sechs Tage zuvor begegnet war.

❯ **Informationen** zum Bloomsday im Internet unter www.jamesjoyce.ie sowie im James Joyce Centre, 35 North Great George Street

Dublin entdecken

007du Abb.: hg

Rund um St. Stephen's Green und Grafton Street

St. Stephen's Green und die Sehenswürdigkeiten an der Grafton Street markieren das absolute Zentrum der irischen Hauptstadt. Im Park St. Stephen's kann man sich vom Besuchsrundgang erholen und Luft schöpfen, in der verkehrsberuhigten Grafton Street locken Pubs, Restaurants und natürlich die vielen Geschäfte des gehobenen Einzelhandels zu einem Einkaufsbummel. Schließlich zieht im Trinity College eines der schönsten Bücher der Welt, das illuminierte Evangelienbuch *Book of Kells,* den Dublinbesucher in seinen Bann.

❶ St. Stephen's Green ★★ [18]

Das Zentrum der irischen Metropole markiert der neun Hektar große Park St. Stephen's Green, in dem Besucher sich unter schattigen Bäumen, inmitten von Blumen und dem Gezwitscher der Vögel angenehm von den Anstrengungen der innerstädtischen Spaziergänge erholen können. Sommertags verbringen unter der Woche viele Angestellte der umliegenden Bürogebäude ihre Mittagspause in dieser grünen Lunge der Stadt und essen hier ihre Sandwiches.

Der ruhige Park inmitten des hektischen Dublin **diente nicht immer erholsamen Zwecken,** ganz im Gegenteil, in früheren Zeiten fanden hier öffentliche Hinrichtungen statt. Die georgianischen Bauten, die das Areal säumen, entstanden in der Mitte des 18. Jh. parallel zu der Landschaftsgestaltung des Parkgeländes. Das bekannteste Gebäude ist zweifellos das altehrwürdige **Shelbourne Hotel** an der Nordseite (das 2006 umfassend restauriert worden ist).

Mit Beginn des 19. Jh. wurde der Park eingezäunt und mit verschließbaren Toren versehen – wer hinein wollte, hatte Eintritt zu bezahlen. Der Grund für diese Maßnahme: Die feine, daherflanierende Gesellschaft wollte unter sich bleiben. Das änderte sich erst, als **Sir Arthur Guinness** 1877 einen Parlamentsbeschluss erwirkte, der das Areal für die Öffentlichkeit freigab. Dankenswerterweise finanzierte Sir Arthur auch gleich die Anlage der Teiche und die landschaftliche Umgestaltung des Parks. Dafür ehrte man ihn mit einer Statue im Gartengelände.

Viele weitere Denkmäler erinnern an herausragende Persönlichkeiten, so an die Frauenrechtlerin Countess Mankiewicz (1868–1927), an den irischen Freiheitskämpfer Robert Emmet (1778–1803), den Dichter James Clarance Mangan (1803–1849), den Romancier James Joyce (1882–1941) und den Dramatiker William Butler Yeats, dessen Statue kein Geringerer als Henry Moore 1967 schuf. Nahe dem Shelbourne Hotel am nördlichen Rand des Parks wird an den Patrioten Theobald Wolfe Tone (1763–1798) gedacht, der ein französisches Invasionsheer gegen die englische Besatzungsmacht führte.

◀ *Glockenturm auf dem Campus des Trinity College* ❺

▶ *St. Stephen's Green – die grüne Lunge der Stadt*

Schaut man von hier in Richtung Norden über die Straße St. Stephen's hinweg, so erkennt man neben dem Shelbourne Hotel den winzigen **Rest des einstigen Hugenotten-Friedhofs.** Mitte des 17. Jh. strömten viele Angehörige der in Frankreich verfolgten Glaubensgemeinschaft nach Dublin und wurden der Motor einer ökonomischen Entwicklung, die in einem langanhaltenden, prosperierenden Wirtschaftsaufschwung gipfelte.

Wenige Schritte vom Theobald-Wolfe-Tone-Denkmal entfernt **erinnert ein Monument an die Toten der „Großen Hungersnot".** Die Skulptur „Drei Schicksale" schenkten die Deutschen den Iren und bedankten sich damit für die Hilfe nach dem Zweiten Weltkrieg. Im Zentrum des Parks gibt es einen Kinderspielplatz, einen **Musikpavillon,** in dem während des Sommers kostenlose Freiluftkonzerte geboten werden und einen **Garten für Blinde,** die hier Pflanzen berühren können und auf Tafeln mit Brailleschrift Informationen dazu bekommen.

An der Nordwestecke schließlich markiert der **Fusiliers' Arch** den Haupteingang zum Parkgelände. Die etwas mickrige Version eines römischen Triumphbogens erinnert an die königlichen Füsiliere (= Infanteristen), die während des Burenkrieges (1899–1902) auf Seiten der Engländer kämpften und dabei ihr Leben ließen. Gegenüber vom Fusilier's Arch beginnt die **verkehrsberuhigte Haupteinkaufsstraße Grafton Street.**

❯ 24 Std. geöffnet, Busstation: St. Stephen's Green

❷ **Geburtshaus von George Bernard Shaw** ★ ★ ★ **[H10]**

Irlands bekanntester Dramatiker, dessen Stücke heute noch auf allen Bühnen der Welt gespielt werden, ist in diesem unscheinbaren Haus geboren worden und verbrachte hier seine Kindheit.

Einen kleinen Fußmarsch südwestlich von St. Stephen's Green entfernt und nahe beim Grand Canal befindet sich das Geburtshaus des Dramatikers und Essayisten George Bernard Shaw (1856–1950). In dem heute aufwendig restaurierten viktorianischen Haus erblickte der spätere Literaturnobelpreisträger am 26. Juli 1865 das Licht der Welt.

Das Innere zeigt sehr anschaulich die **Wohn- und Lebensbedingungen der Dubliner Mittelklasse** in der Mitte des 19. Jh. Shaws Mutter war bekannt für ihren musikalischen und literarischen Salon und die vielen illustren Gäste dürften den kleinen George nachhaltig beeinflusst haben.

❯ Shaw's Birthplace, 33 Synge Street, Infos unter Tel. 01 4750854, Juni–Aug. Di., Do., Sa. 11–13 u. 13.15–15.30 Uhr, Eintritt 7,25 €, Busse Nr. 16, 19, 122 vom Trinity College

❸ Grafton Street ★★ [I7]

Grafton Street, Dublins verkehrsberuhigte Hauptgeschäftsstraße, ist gesäumt von schicken Läden des gehobenen Einzelhandels. Sogenannte „Busker" (Straßenmusikanten) geben sich hier ein Stelldichein und unterhalten die Einkaufswilligen auf das Beste.

Die Straße hat ihren Namen nach dem Duke of Grafton erhalten, dem im 17. Jh. weite Teile der umgebenden Areale gehörten. Ihre **Bedeutung als Shoppingmeile** der Metropole hat sie erst seit 1982, in dem Jahr wurden die Autos aus der Straße verbannt. Die rechts und links abgehenden Straßen – Chatham Street, Harry Street, Duke Street und Anne Street – bieten weitere Konsumtempel, aber auch gemütliche Pubs, traditionsreiche Bars und gute Restaurants, in denen man sich tagsüber vom Einkaufs-

bummel erholen kann. Diese gastronomischen Einrichtungen sorgen auch dafür, dass Grafton Street nach Ladenschluss nicht wie viele andere Einkaufsstraßen in eine Friedhofsruhe verfällt.

In Nr. 3 Harry Street findet sich der Pub McDaid's, eine der berühmten **Literatentavernen** Dublins, u. a. becherte hier schon Brendan Behan. In der Duke Street liegen sich in Nr. 2 und Nr. 21 **zwei traditionsreiche Pubs** gegenüber, die schon von James Joyce in seinem „Ulysses" beschrieben wurden: The Bailey und Davy Byrne's. Ein Stückchen weiter lohnt linker Hand in Nr. 9 ein Besuch in der Kneipe The Duke, denn jeden Abend um 19.30 Uhr (April bis Oktober täglich, sonst nur Do. bis So.) ist hier der Treffpunkt für die **Literary Pub Crawls**, bei denen man von belesenen Führern durch die Literatenkneipen der Innenstadt geführt wird und viele Anekdoten über die irischen Geistesgrößen erfährt (alle genannten Pubs s. S. 24).

Nach der Hälfte der Strecke passiert man linker Hand **Bewley's Oriental Café** (s. S. 21), von jeher eine Institution. Die Bewleys waren eine Quäker-Familie, die im 18. Jahrhundert aus Frankreich nach Dublin kam und im 19. Jahrhundert erst Tee und dann auch Kaffee nach Dublin importierte. Ende des 19. Jahrhunderts eröffnete die Familie zwei Cafés. Das Café in der Grafton Street (s. S. 21) kam 1927 unter Ernest Bewley hinzu. Das ehemalige Schulgebäude wurde von Grund auf im Stil der großen Kaffeehäuser in Paris und Wien renoviert. Bewley's Oriental Café entwickelte sich zu einem wichtigen Anziehungspunkt Dubliner Literaten. Sean O'Casey verkehrte hier ebenso wie Patrick Kavangh, Samuel Beckett

▶ *Statue der in einem Volkslied besungenen Molly Malone*

Rund um St. Stephen's Green und Grafton Street

und James Joyce, der das Café in seiner Kurzgeschichtensammlung „Dubliners" erwähnt.

Im Bewley's Café Theatre, das sich im ehemaligen „Oriental Room" des Cafés befindet, kann man an den Wochentagen und samstags zur Mittagszeit kurze Theaterdarbietungen sehen und abends Kabarett, Jazz oder Comedy genießen.

Wenig Schritte weiter geht links die schmale Gasse Johnson's Court ab, die zum **Powerscourt Townhouse Shopping Centre** (s. S. 15) führt, in dem Dublins teuerste Geschäfte ihren Sitz haben. Glücklicherweise gibt es daneben auch noch das ein oder andere Lokal, in dem man Kleinigkeiten essen oder nur etwas trinken kann. Zur Lunchzeit greift ein Pianist taktvoll in die Tasten seines Flügels. Das einstige Stadtpalais ließ sich zwischen 1771 und 1774 der Großgrundbesitzer Lord Powerscourt erbauen.

Am Ende von Grafton Street stößt der Flaneur auf die nach links abge-hende Suffolk Street. Hier ist nach wenigen Metern Fußweg das **Dublin Tourist Office** in einer säkularisierten Kirche erreicht. An der Ecke Grafton Street/Suffolk Street findet man das bronzene Standbild einer bekannten Irin. Lebensgroß steht da die **Statue der Straßenhändlerin Molly Malone**, die einen Karren mit Muscheln vor sich herschiebt (s. Bild). Die vollbusige Schönheit geht auf das **bekannte irische Volkslied** zurück, in dem es heißt:

„In Dublins fair city,
Where the girls are so pretty,
I first set my eyes on sweet
Molly Malone,
As she wheeled her wheelbarrow,
Through streets broad and narrow,
Crying „Cockles and Mussels,
Alive, alive, oh!"

Die prosaischen Bewohner der Hauptstadt haben diese Statue nicht so recht angenommen und verspotten die dralle Molly als „The tart with the

cart" – zu deutsch: „Die Nutte mit dem Karren". Weitere wenig respektvolle, im Volksmund kursierende Bezeichnungen sind „The Dolly with the Trolley" („Die Puppe mit dem Handwagen") und „The Dish with the Fish" („Der steile Zahn mit dem Fisch").

Wenige Schritte weiter erkennt man links das mächtige, fensterlose und daher wehrhaft anmutende halbkreisförmige Gebäude der Bank of Ireland ④ und rechts die lange Torfassade von Trinity College ⑤.

④ Bank of Ireland ★★ [I6]

Ursprünglich diente das 1739 errichtete Gebäude als **irischer Parlamentssitz.** Es war weltweit das erste Bauwerk, das eigens für diesen Zweck errichtet wurde. 1803, zwei Jahre nach dem Act of Union, der Vereinigung Irlands mit Großbritannien, richtete die Bank of Ireland hier ihren Hauptsitz ein. Dabei hatte sie einer Verfügung zu folgen, wonach das Gebäude so umgebaut werden musste, dass nie wieder Parlamentsdebatten darin ausgetragen werden konnten.

Während das Auditorium des *House of Commons* („Unterhaus") tatsächlich baulich völlig verändert wurde, ist der **Plenarsaal** des *House of Lords* („Oberhaus") noch weitgehend erhalten geblieben und kann im Rahmen einer Führung besichtigt werden. Die Wandbehänge im Plenarsaal datieren vom Anfang des 18. Jh. und zeigen die Schlacht am Fluss Boyne (1690) und die Belagerung von Derry (1689), zwei gewalttätige Ereignisse, die damals jeglichen irischen Versuch um Unabhängigkeit zunichte machten.

❯ College Green, Tel. 01 6615933, geöffnet: Mo.–Mi. und Fr. 10–16 Uhr, Do. 10–17 Uhr, Eintritt frei

⑤ Trinity College ★★★ [J7]

Trinity College war Irlands erste Universität, bietet den Studenten und Besuchern einen ruhigen Campus und damit eine Oase inmitten der laut pulsierenden Metropole und bewahrt im Long Room der alten Bibliothek eines der schönsten Bücher der Christenheit auf: den reich verzierten Evangelienfoliant „Book of Kells".

Gegenüber vom Bankgebäude befindet sich der Haupteingang zum Trinity College. Vor der rund 100 m langen klassizistischen Fassade grüßen die Standbilder des Schriftstellers Oliver Goldsmith (1728–1774) sowie des Romanciers und Politikers Edmund Burke (1729–1797). Beide machten übrigens nicht in Dublin, sondern in London Karriere.

O28du Abb.: ti

Irlands Eliteuniversität wurde von Königin Elisabeth I. 1591 auf den Ländereien eines aufgelösten Augustinerklosters gegründet und blieb fast 200 Jahre lang, bis 1793, ausschließlich protestantischen Studenten vorbehalten. Erst ab 1873 konnten auch Katholiken einen akademischen Titel er angen und seit 1903 herrscht auf dem Campus die geschlechtliche Gleichstellung.

Lang ist die **Liste berühmter Personen**, die am Trinity College studiert haben: Oliver Goldsmith, Edmund Burke, Jonathan Swift, Robert Emmet, Henry Grattan, Theobald Wolfe Tone, Oscar Wilde, Bram Stoker, Samuel Beckett, Chris de Burgh und viele andere mehr. Es ist sehr zu empfehlen, sich einer **geführten Tour** anzuschließen. so erfährt man viel

Historisches über Dublins Vorzeigeuniversität und auch die ein oder andere lustige Anekdote.

Auf dem 16 Hektar großen Universitätscampus mit seinen alten Gemäuern und den weiten Rasenflächen kann man der brausenden und lärmenden Hektik des Dubliner Straßenverkehrs entrinnen und in eine **Oase der Ruhe** eintauchen. Nach dem Passieren des Torportals „Regent House Entrance" gelangt man auf den **Parliament Square**, in dessen Mitte ein 30 m hoher Kampanile aufragt. Die-

▲ *Der weite Parliament Square des Trinity College*

ser markiert das einstige Zentrum des Klosters, das vor der Gründung von Trinity College auf dem Gelände bestand. Studentischem Aberglauben zufolge, fällt man durch das Examen, wenn man den Turm beim Läuten der Glocken durchschreitet.

Links vom Turm erinnert die Statue von George Salmon an den einstigen Dekan des College, der dadurch in Erinnerung geblieben ist, dass er mit Vehemenz gegen die Immatrikulation von Frauen agitierte. Dahinter steht eine Skulptur des Bildhauers Henry Moore. Rechts vom Kampanile findet sich das Denkmal für William Edward Hartpole Lecky (1838–1903), der ein bekannter Dubliner Historiker und Publizist war. Die **Kapelle** im Norden des Platzes (Besichtigung nur während der geführten Touren) wurde 1799 geweiht und ist erst seit den 1970er-Jahren für alle Konfessionen geöffnet.

Daneben ragt die **Dining Hall** auf, für die in der Mitte des 18. Jh. der berühmte deutschstämmige Architekt Richard Cassels (1690–1751) verantwortlich zeichnete. Ab 1728 arbeitete Cassells in Irland und baute auf der „Grünen Insel" eine ganze Reihe von repräsentativen Gebäuden. Bei der Speisehalle von Trinity College hatte er keine glückliche Hand und muss sich wohl in der Berechnung der Statik vertan haben, denn das Gewölbe stürzte gleich zweimal in sich zusammen und war nach der Reparatur noch immer so fragil, das der Bau entkernt und verstärkt werden musste.

Hinter dem Kampanile ziehen sich von Nord nach Süd die **Rubrics Buildings**, die ältesten Gebäude des Campus. Dahinter erstreckt sich der quadratische **New Square**, an dessen Südseite das Victorian Museum Building liegt, das ein geologisches Museum beherbergt (nur unregelmäßig geöffnet).

Vorbei am runden Reading Room und entlang des Fellow Square kommt der Besucher zum Schatzhaus des Trinity College, der **Old Library mit dem „Book of Kells"**. Im 65 m langen sogenannten „**Long Room**" der alten Bibliothek stehen 200.000 in Schweinsleder gebundene Bände, darunter befindet sich eines der schönsten Bücher der Welt: das besagte „Book of Kells". Dieser im 8. Jh. geschriebene und mit vielen Miniaturen ausgestattete Foliant enthält den Text der vier Evangelien. Es ist eines der frühesten und besterhaltenen illuminierten Evangelienbücher.

Weitere herausragende Bände sind das „Book of Durrow" (7. Jh.), das „Book of Dimma" (8. Jh.) und das „Book of Armagh" (9. Jh.). Sehenswert ist auch eine der ältesten irischen Harfen, eines der Nationalsymbole der „Grünen Insel", sowie die **Proklamation der irischen Unabhängigkeit**, die Patrick Pearse beim Osteraufstand von 1916 verlesen hat (s. Exkurs „Der Osteraufstand von 1916"). Auf dem Weg in den Long Room macht eine Ausstellung mit der Geschichte und den Inhalten des Book of Kells vertraut.

Die Trinity College Library nimmt ausnahmslos jedes in Großbritannien und Irland erschienene Buch in ihren Bestand auf und ist die **größte Bibliothek des Landes** mit einem Bestand von rund vier Millionen Büchern. Erschlagend auf den Besucher wirkt neben der Old Library die Berkeley Library, ein monströser Betonklotz, der bei seiner Fertigstellung 1967 als gutes Beispiel moderner Architektur gewürdigt wurde.

Daran schließt sich das Arts and Social Science Building an, in der die Fakultäten für Kunst, Wirtschafts- und Sozialwissenschaften sowie die Lecky Library untergebracht sind. Hier kann man sich auch die **audiovisuelle Show „The Dublin Experience"** ansehen, die auf allerdings nicht sonderlich spannende Weise mit der Geschichte der Stadt vertraut macht.

Ebenfalls in dem Gebäude hat die **Douglas Hyde Gallery** (s. S. 29) ihre Räumlichkeiten. Sie zeigt Wechselausstellungen moderner, international renommierter Künstler. Der Eingang zur Galerie befindet sich allerdings an der Nassau Street, die südlich am Campus vorbeiläuft.

Spaziert man von der Gallerie in Richtung Osten, kommt man am **College Park** vorbei. Dort kann man durch mehrere Tore den Campus verlassen und ist schnell im Herz des georgianischen Dublin am Merrion Square.

> **Trinity College,** College Green, Tel. 01 8961000, www.tcd.ie, tgl. 8–22 Uhr, 30-minütige Campusführungen (inkl. Book of Kells) tgl. zwischen 10.15 und 15.40 Uhr ab Haupteingang (alle 40 Min., So. und Okt.–Mitte Mai weniger Touren), Eintritt 10 €
> **Old Library,** Long Room und Book of Kells, www.bookofkells.ie, Tel. 01 8962320, Mo.–Sa. 9.30–17 Uhr, Mai–Sept. So. 9.30–16.30 Uhr, Okt.–April So. 12–16.30 Uhr
> **Douglas Hyde Gallery,** Tel. 01 8961116, www.douglashydegallery.com, Mo.–Fr. 11–18, Do. 11–19, Sa. 11–16.45 Uhr

Das georgianische Dublin

❻ **Merrion Square und Oscar Wilde House** ★★ [K7]

Den im Jahre 1764 angelegten Merrion Square umrahmen Häuser im sogenannten „Georgian Style" – hier ist die alte georgianische Bausubstanz Dublins am besten erhalten geblieben. Es lohnt sich, die alten Eingangspforten zu vergleichen, denn nur anhand der Türen konnten die Bewohner ihrem Domizil einen individuellen Anstrich innerhalb der vorgeschriebenen Einheitsarchitektur geben.

In Haus Merrion Square Nr. 82 und später noch einmal in Nr. 52 lebte übrigens der Dramatiker William Butler Yeats (1865–1939), in Nr. 84

029du Abb.: hg

► *Die Statue von Oscar Wilde liegt locker hingestreckt im Merrion Square Garden*

der Poet und Maler George William Russell (1867–1935). Der „Liberator", der Befreier, Daniel O'Connell (1775–1847), hatte eine Wohnung in Nr. 58 angemietet und der Autor von phantastischen Geschichten, Joseph Sheridan Le Fanu (1814–1873), schrieb in Nr. 70.

An der Nordseite des Merrion Square, nur einen Katzensprung vom hinteren Campusausgang des Trinity College entfernt, befindet sich das Haus (1 Merrion Square North), in dem **Oscar Wilde** in schöngeistiger Atmosphäre aufgewachsen ist. Sein Vater, Sir William Wilde, war ein berühmter Augenarzt jener Tage sowie ein geachteter Altertumsforscher. Wildes Mutter verfasste unter dem Pseudonym „Speranza" Gedichte und führte einen literarischen Salon. Die Familie lebte hier von 1855 bis 1878. Der kleine Oscar wurde 1854 in nächster Nähe in der Westmoreland Street geboren und die Eltern benötigten nun mehr Platz.

Gegenüber vom Eingang auf der anderen Straßenseite und hinter einem schmiedeeisernen Gitter, das die Grünfläche des Merrion Square einfasst, findet sich die 1997 aufgestellte, **farbenfrohe Statue des Dandy-Dichters**. Wilde liegt locker ausgestreckt auf einem Felsblock wie auf einer Chaiselongue in einem literarischen Salon, geradeso als würde er eben eines seiner berühmten Bonmots locker in die intellektuelle Runde werfen.

7 National Gallery ★★★ [K7]

Die National Gallery ist Irlands bedeutendstes Kunstmuseum und der Besucher kann nur staunen, was das kleine und lange Zeit arme Land im Lauf seiner Geschichte an Kunstschätzen zusammentragen konnte.

1854 wurde Irlands Nationalgalerie ins Leben gerufen und stellte damals gerade einmal knapp über 100 Gemälde aus. Heute ist der Bestand auf viele tausend Ölbilder, Aquarelle, Zeichnungen und Skulpturen angewachsen und zeigt nicht nur die Arbeiten irischer Künstler, sondern auch **hervorragende Werke international renommierter Meister.**

Alle europäischen Malschulen sind mit Arbeiten vom 14. bis zum 20. Jh. vertreten, die Skulpturenschau umfasst den Zeitraum vom 17. bis zum 19. Jh. Unbestrittenes Meisterwerk der Nationalgalerie ist ein **Gemälde von Caravaggio**, das mehr als ein halbes Jahrhundert unentdeckt in einem Dubliner Gebäude des Jesuiten-

027du Abb.: ti

► *Ein Blick in Dublins bedeutendstes „Schatzhaus", die National Gallery*

ordens hing und 1992 nur durch Zufall vom damaligen Museumsleiter entdeckt wurde.

Werke von Tizian und Tintoretto, Vermeer, Monet, Degas, Picasso, Goya, Gainsborough und Turner runden die Sammlung ab, die in vier Flügeln des Hauses gezeigt wird. Einen ganzen Raum nehmen die **30 Werke von Jack B. Yeats** ein (1871–1957, Bruder des Dramatikers William Butler Yeats) – der Impressionist gilt als Irlands bedeutendster Maler.

❯ Merrion Square West, Tel. 01 6615133, www.nationalgallery.ie, Mo.–Sa. 9.30–17.30 Uhr, Do. 9.30–20.30 Uhr, So. 12–17.30 Uhr, öffentliche Touren: Sa. 14 Uhr, So. 13 und 14 Uhr, Juli und August auch Mo., Mi. und Fr. 14 Uhr, Eintritt frei

❽ **Natural History Museum** ★★★ [K8]

Gegründet von einem bekannten Entdecker, bietet das Haus dem Besucher nicht nur tiefe Einblicke in die Fauna Irlands, sondern gleich in die der ganzen Welt.

Das Naturhistorische Museum hat **mehr als zwei Millionen Tierspezies** in seinem Bestand, von denen ungefähr 10.000 ausgestellt sind. Das Haus wurde 1857 vom schottischen Naturforscher David Livingstone eröffnet und geht auf den Architekten Frederick V. Clarendon zurück. Es ist das älteste Museumsgebäude Irlands und wurde ausschließlich zu dem Zweck gebaut, die naturhistorische Sammlung zu beherbergen.

Das Erdgeschoss ist der heimischen Fauna vorbehalten und zeigt präparierte ausgestopfte Tiere und Skelette, darunter drei Skelette von **Riesenhirschen**, die vor 10.000 Jahren in Irland lebten und dann ausstar-

ben. In den beiden Obergeschossen werden dem Besucher Tiere aus aller Welt vorgestellt. Das Museum ist immer voll mit Schulklassen und die Kinder sind von den Ausstellungsobjekten sichtbar beeindruckt.

❯ Merrion Street, Tel. 01 6777444, www.museum.ie, Di.–Sa. 10–17 Uhr, So. 14–17 Uhr, Eintritt frei

❾ **National Library** ★ [J7]

Das 1890 eröffnete Gebäude der Nationalbibliothek orientiert sich an dem des Natural History Museum und wurde von dem Architekten Thomas Nevenham Deane entworfen. Die Bibliothek hat **viele alte Handschriften, Manuskripte und Folianten** in ihrem Bestand, kostbare Erstausgaben sowie historische Karten, Drucke und Zeichnungen.

Außerdem beherbergt es im zweiten Stock das „Genealogical Office", in dem die Iren **nach ihren Vorfahren fahnden** können. Teile des Büchereigebäudes sind für die Öffentlichkeit zugänglich, dazu zählt auch der überkuppelte Lesesaal, in dem James Joyce eine Szene seines „Ulysses" angesiedelt hat.

❯ Kildare Street, Tel. 01 6030200, www.nli.ie, Eintritt frei, Mo–Mi 9.30–19.45 Uhr, Do./Fr. 9.30–16.45 Uhr, Sa. 9.30–12.45 Uhr

❿ **Leinster House** ★★★ [J8]

Von hier aus wird Irland regiert, hier spielen sich die oft hitzigen Debatten ab – und die Parlamentarier gehen nicht zimperlich miteinander um. Die Oppositon kritisiert lauthals den Premier und der zahlt es in gleicher rhetorischer Münze zurück.

Leinster House, in dem die **beiden Kammern des irischen Parlaments** tagen, wurde unter der Bauaufsicht des deutschstämmigen Architekten Richard Cassels zwischen 1745 und 1748 ursprünglich als Stadtresidenz für den Earl of Kildare **im palladianischen Stil errichtet.** Die Fassade beeinflusste den irischen Ingenieur James Hoban beim Bau des Weißen Hauses in Washington.

1922 traten in dem Gebäude erstmals das Unterhaus (irisch *Dáil,* gesprochen „daajl") und der Senat *(Seanad,* gesprochen „schäned") des unabhängigen irischen Staates zusammen, seitdem wird hier die Politik der Regierung diskutiert. An den schmiedeeisernen Gittern, die das Gebäude umgeben, finden sich immer **Protestplakate von Demonstranten,** die den Parlamentariern damit ihren Unmut über die beschlossenen politischen Entscheidungen kundtun.

Wer eine Debatte auf der Besuchertribüne in einer der beiden Kammern verfolgen möchte, bekommt am Eingang in der Kildare Street gegen Vorlage des Reisepasses oder des Personalausweises ein Ticket und kann dann in die Streitgespräche der Abgeordneten eintauchen.

> Kildare Street, Tel. 01 6183781, www.oireachtas.ie, Eintritt frei (nur nach Voranmeldung über die jeweils eigene Botschaft in Dublin, s. S. 105), geöffnet nur während der Debatten

⑪ National Museum – Archeology ★★★ [J8]

Alles Herausragende, was die Archäologen aus dem irischen Boden hervorgeholt haben, wird hier für die Besucher aufbereitet, sodass man einen hervorragenden Einblick in die Kulturgeschichte Irlands verschaffen kann.

Das Nationalmuseum, 1877 ins Leben gerufen und neben Leinster House gelegen, ist die **Schatzkammer der irischen Nation.** Die Vielzahl der Exponate machte Auslagerungen unumgänglich und so werden die naturhistorischen Stücke nun im Natural History Museum ⑧ gezeigt, die dekorativen Künste beherbergen die Collins Barracks ㊷ und eine dritte Dependance, das Museum of Country Life, befindet sich an der Westküste im Örtchen Castlebar.

Das Dubliner Stammhaus zeigt **prähistorische Fundstücke,** Artefakte aus der Bronze- und Eisenzeit, Arbeiten, die die Wikinger in Irland hinterlassen haben und **eine der weltweit größten Sammlungen keltischer Kostbarkeiten.**

Darunter befindet sich auch der im 12. Jh. gearbeitete, 18 cm hohe, aus Gold und Silber bestehende **Ardagh-Kelch** sowie die bronzene **Tara-Brosche,** um 700 n. Chr. gefertigt und verziert mit Gold-, Silber- und Glasornamenten. Die Ausstellung „Ireland's Gold" zeigt noch viele weitere solcher Schätze. Dazu zählt auch ein 15 m langes und 4000 Jahre altes Boot, das im Moorboden perfekt konserviert wurde. Die Schau „The Road to Independence" zeigt Irlands harten und beschwerlichen Weg in die Unabhängigkeit.

> Kildare Street, Tel. 01 6774444, www.museum.ie, Di.–Sa. 10–17 Uhr, So. 14–17 Uhr, Eintritt frei

▶ *Mansion House, der offizielle Sitz des Dubliner Bürgermeisters*

030/du Abb.: hg

⑫ Mansion House ★ [J8]

Seit 1715 ist Mansion House die offizielle **Residenz des Dubliner Bürgermeisters.** Das Gebäude wurde 1710 von dem Architekten Joshua Dawson erbaut, nach dem auch die Straße benannt ist. 1919 wurde hier die **Unabhängigkeitserklärung unterschrieben** und das erste Parlament trat in den Räumlichkeiten zusammen. Leider ist es nicht möglich, das Gebäude von innen zu besichtigen.

❯ Dawson Street

⑬ Government Buildings ★★ [J8]

In dem irischen Regierungssitz wird über die aktuellen Geschicke der Republik entschieden und es werden wichtige Entscheidungen über Irlands Zukunft getroffen. Politik lässt sich hier hautnah erleben.

Dies ist das letzte große Herrschaftsgebäude, das die Briten in Ir-

land bauten. 1911 öffnete es als Royal College of Science seine Pforten. Nachdem das College 1989 ausgezogen war, richtete – nach einer umfassenden Restaurierung – der damalige Premierminister Charles Haughey hier seinen **Regierungssitz** ein (mit dem deutschen Kanzleramt vergleichbar). Das Büro des Premierministers, den Kabinettssaal sowie viele weitere Räumlichkeiten sind nur auf einer geführten Tour zu besichtigen.

❯ Upper Merrion Street, Tel. 01 6194116, www.taoiseach.gov.ie, Sa. ab 10.30 Uhr geführte Touren zu jeder Stunde, Dauer 30–40 Min., letzte Tour um 13.30 Uhr, Tickets gibt es in der National Gallery ❼, erhältlich ab 9.30 Uhr, Eintritt frei

⑭ Royal Hibernian Academy – Gallagher Gallery ★★ [J8]

Den Gang durch eine der renommiertesten Ausstellungsgalerien Irlands sollte der kunstinteressierte Besucher nicht versäumen.

Temple Bar

In dieser großen, lichtdurchfluteten Galerie finden innerhalb eines Jahres viele Wechselausstellungen statt. Das Ausstellungsgebäude zeigt **moderne, zeitgenössische Kunst** und präsentiert dem Publikum die herausragenden, aber auch die jungen, aufstrebenden Künstler der Inselrepublik

Alljährlich im Mai stellen auch die Mitglieder der Dubliner Kunstakademie hier ihre Arbeiten aus und die Schlangen der Besucher sind dann besonders lang – wollen die Leute doch sehen, was die Maler und Bildhauer der Gegenwart zu bieten haben. Tausende von Besuchern treten sich dann hier auf die Füße

❯ 15 Ely Place, Tel. 01 6612558,
www.royalhibernianacademy.ie,
Mo./Di. 11–17 Uhr, Mi.–Sa. 11–19 Uhr,
So. 14–17 Uhr, Eintritt frei

KLEINE PAUSE

„Einzelsäuferkojen"
Am Ende des Rundgangs durch das georgianische Dublin hat man sich wahrlich eine längere Pause verdient, denn die Wegstrecke wird ihren Tribut in Form von Hunger und Durst gefordert haben. Toner's Victorian Bar (s. S. 25) ist eine Kneipe mit viel Atmosphäre, die noch die alten **Snugs** (laut Heinrich Böll „Einzelsäuferkojen") besitzt, wie sie früher einmal in allen Dubliner Keipen zu finden waren. Hier lässt es sich gut entspannen.

Die Taverne O'Donoghue's (s. S. 24) ist weit über Irland hinaus als **Singing Pub** bekannt. Selbst Altkanzler Gerhard Schröder, nach seinen Irlanderfahrungen befragt, erinnerte sich nach mehr als 20 Jahren an das O'Donoghue's – und an sonst nicht mehr viel.

Temple Bar, das Soho oder Greenwich Village von Dublin, ist der lebendigste Stadtteil der Metropole und bietet eine Restaurant- und Pubdichte wie sonst kein anderes Viertel der Stadt. Zwischen den Pubs haben sich schicke Boutiquen und die eine oder andere kulturelle Einrichtung einquartiert. Viele Veranstaltungen im Laufe des Jahres finden in Temple Bar statt.

Das Quartier wird im Norden begrenzt vom Fluss Liffey, im Süden von Dame Street [I7], im Osten von Westmoreland Street [I6] und endet im Westen an der Christ Church Cathedral ㉓.

Der Name des Viertels geht auf William Temple zurück, der nach der Auflösung der Klöster durch Heinrich VIII. deren Land kaufen konnte. Der heutigen Straßenanlage liegen noch die Stadtplanungen des frühen 18. Jh. zugrunde. Schon damals war Temple Bar ein Vergnügungsviertel und der Rotlichtbezirk der Stadt.

⑮ Gallery of Photography ★★ [H7]

Die Galerie zeigt **Wechselausstellungen mit historischen Fotografien** sowie Arbeiten irischer und international renommierter Fotografen. Eine bessere Übersicht über das zeitgenössische Schaffen der Fotokünstler und Reportagefotografen findet man in ganz Dublin nicht. Der dreistöckigen Galerie ist ein Buchladen angeschlossen. Außerdem werden Workshops und Kurse angeboten.

❯ Meeting House Square, Tel. 01 6714654,
www.galleryofphotography.ie, geöffnet:
Di.–Sa. 11–18 Uhr, So. 13–18 Uhr,
Eintritt frei

031du Abb.: hg

16 National Photographic Archive ★★ [H7]

Gegenüber der Galerie hat seit 1998 das National Photographic Archive seinen Sitz, wo über 300.000 Fotos aus der Zeit vom Beginn des 19. Jh. bis heute aufbewahrt werden. Regelmäßige Ausstellungen lassen das **vergangene Alltagsleben der Iren** wieder lebendig werden.

Viele der Fotos sind bereits digitalisiert und wer etwas Besonderes sucht, der wird von den freundlichen Mitarbeitern sachkundig beraten.

❯ Meeting House Square, www.nli.ie/en/ national-photographic-archive.aspx, Tel. 01 6030200, Mo.–Sa. 10–16.45 Uhr, So. 12–16.45, Eintritt frei

▲ *Der Pub The Quay's ist eine der vielen atmosphärereichen Kneipen im Temple-Bar-Bezirk*

17 National Wax Museum Plus ★ [H4]

Das 1983 gegründete Wachsmuseum zeigt **lebensgroße Wachsfiguren** bekannter Leute, die in der irischen Geschichte eine Rolle gespielt haben, darunter Schriftsteller, Künstler, Politiker, Rock- und Pop-Größen, Sportstars, Film- und Fernsehschauspieler sowie sämtliche irische Präsidenten. Nachgebildet sind außerdem Szenen aus der irischen Mythologie und aus Märchen sowie das Papamobil, mit dem Papst Johannes Paul II. 1979 Irland besuchte. Eine „Chamber of Horror" fehlt natürlich auch nicht. In der „Children's Fantasy World" treffen die Kleinen auf die Simpsons und Harry Potter.

❯ 4 Foster Place, www.waxmuseumplus.ie, Tel. 01 6718373, tgl. 10–19 Uhr, Eintritt 12 € (Kinder 8 €, unter 4 Jahren frei)

Pubs in Temple Bar

Temple Bar ist die **zentrale Tränke der Stadt,** nirgendwo sonst findet man die Pubs derartig konzentriert. Hier eine kleine Auswahl (alle s. S. 25):

The Temple Bar sorgt seit über 160 Jahren dafür, dass man in diesem Bezirk weder hungern noch dursten muss. In der **Palace Bar,** 21 Fleet Street, wurden für viele Jahrzehnte literarische Zirkel abgehalten. Der **Turk's Head,** Parliament/Ecke Essex Street, ist tagsüber eine Taverne wie andere auch, abends eine beliebte Disko. Der Pub **Oliver St. John's Gogarty** ist nach jenem Mann benannt, der das Vorbild für Buck Mulligan aus dem „Ulysses" war.

Nicht direkt in Temple Bar, aber nur wenige Schritte außerhalb, findet sich das **Mulligan's,** das sich nach Erscheinen des „Ullysses" den Namen des genannten Protagonisten gab. Im **Doyle's,** College Street, und in **Bowe's Public House,** 31 Fleet Street, kehren nach Redaktionsschluss die Journalisten aus den nebenan gelegenen Redaktionsräumen der Irish Times ein und kommentieren am Tresen das aktuelle Tagesgeschehen.

⓲ The Ark – A Cultural Centre for Children ★★ [H7]

In dieser überaus lobenswerten Einrichtung werden Kinder zwischen zwei und zwölf Jahren in verschiedenen Angeboten mit Wissenschaft, Umweltschutz und jeder Art von Kunst vertraut gemacht.

Die meisten Aktivitäten gehen vom Centre aus, es kommen aber auch Künstler, Wissenschaftler und Umweltschützer zu Besuch und unterhalten oder arbeiten mit den Kleinen. Im Sommer finden viele der Programme auf einer **Freiluftbühne** statt.

❯ 11a Eustace Street, Tel. 01 6707788, www.ark.ie

⓳ Irish Film Institute ★ [H7]

Das Irish Film Institute zeigt in seinen beiden Kinos nicht nur die neuesten Filme aus aller Welt, sondern beherbergt auch das **Irish Film Archive,** eine Bibliothek und einen Buchladen. Zudem richtet das Institute **Filmfestivals** aus und bietet Seminare sowie Kurse zu verschiedenen Themen rund um die bewegten Bilder an.

❯ 6 Eustace Street, Tel. 01 6795744, www.irishfilm.ie, Kassenzeiten 13–20.45 Uhr

016du Abb.: ti

◀ *In vielen Dubliner Pubs spielen abends Musiker Traditional Irish Folk*

Die Liberties und Kilmainham

Die Liberties haben ihren Namen in mittelalterlichen Tagen bekommen, als dieser Bezirk außerhalb der schützenden Wallmauern lag, nicht von den City-Autoritäten regiert wurde und daher anderen Gesetzen unterlag. Dieser Bezirk entwickelte sich zum Motor der wirtschaftlichen Entwicklung, als in der Mitte des 17. Jh. aus Frankreich geflohene Hugenotten nach Irland strömten und sich hier niederließen.

Die neuen Bürger kamen mit ihren Seiden- und Leinenwebereien rasch zu Wohlstand, der sich auf die ganze Stadt ausdehnte. Die Liberties avancierten zum Konjunkturmotor von Dublin, nicht nur die rund 10.000 Migranten kamen zu Reichtum, auch die Dubliner Bürger spürten den Aufschwung in ihren Geldbörsen. Das änderte sich auf einen Schlag, als die britische Staatsmacht gegen Ende des 18. Jh. hohe Ausfuhrzölle auf die hier hergestellten Waren erhob. Fast alle Betriebe wurden so in den Ruin getrieben und dieser Teil der Metropole hat sich von diesem wirtschaftlichen Schlag nie wieder erholen können.

Der heutige Besucher findet in diesem Viertel einige herausragende Sehenswürdigkeiten, jedoch so gut wie gar keine interessanten Kneipen oder ausgefallene, gute Restaurants.

⓴ City Hall ★★ [H7]

Dublins repräsentatives Rathaus wurde zwischen 1769 und 1779 von dem Architekten Thomas Cooley ursprünglich als *Royal Exchange,* als königliche Börse, errichtet. Bis 1615 befand sich an dieser Stelle auch der Pranger vor Dublin. In der Mitte des

19. Jh. übernahm dann die Stadtverwaltung das Gebäude. Dank einer umfassenden Restauration erstrahlt dieses architektonische Schmuckstück der Stadt heute wieder in neuem Glanz.

In der **riesigen, lichtdurchfluteten Rotunde** erinnert die Statue des einstigen Dubliner Bürgermeisters und Kämpfers für Gleichberechtigung der Katholiken, Daniel O'Connell, an die irische Unabhängigkeitsbewegung. Zwei weitere **Verfechter irischer Eigenständigkeit**, Charles Stewart Parnell und Michael Collins, wurden nach ihrem Tod hier aufgebahrt und die Bevölkerung konnte von ihren Helden Abschied nehmen. Heutzutage kommt einmal in der Woche der Stadtrat in der City Hall zusammen, um über die aktuellen Probleme der Millionenmetropole zu beraten.

In den Kellergewölben des Hauses informiert die **Multimediaausstellung** „The Story of the Capital" über die Geschichte Dublins von der Gründung durch die Wikinger bis hinein in die heutige Zeit.

❯ Cork Hill, off Dame Street, Tel. 01 2222204, Mo.–Sa. 10–17.15 Uhr, Eintritt 4 € (3,60 € erm.)

KLEINE PAUSE

Pub in den Liberties

Zu den wenigen Pubs im Viertel gehört das **Grogan's Castle Lounge** (s. S. 24) in 15 William Street South. Wer gleich zu Anfang der Besichtigungstour in die Liberties Hunger oder Durst verspürt, der sollte hier eine Pause einlegen und inmitten des traditionellen Pubinterieurs ein Bier oder einen *Pub Grub* (kleiner Snack) bestellen.

㉑ Dublin Castle ★★★ [H7]

Heutzutage erinnert Dublin Castle keineswegs mehr an jene wehrhafte Burg, die vom Mittelalter bis zur irischen Unabhängigkeit 1922 der Sitz der britischen Staatsmacht war. Die einstige Festung wurde im 18. Jh. umfassend verändert, lediglich die ältesten Teile des im 13. Jh. erbauten Record Tower datieren noch aus anglonormannischer Zeit.

Dublin Castle dient heute dem irischen Staat als **repräsentatives Regierungsgebäude** für offizielle Anlässe. Es ist daher nur zu besichtigen, wenn keine amtlichen Einwände dagegen sprechen und dann auch nur auf einer 45-minütigen, geführten Tour durch die *State Apartments.*

Die Festung wurde auf Anordnung des englischen Königs Johann Ohneland ab 1204 errichtet und in den folgenden Jahrhunderten immer wieder verstärkt und modifiziert. Am 17. August 1922 übergaben die Briten ihre einstige Trutzburg an den irischen Staat. Dabei soll sich folgende Szene zugetragen haben: Michael Collins, der irische Vertreter, hatte sich bei der offiziellen Übergabe sieben Minuten verspätet und der britische Statthalter rügte ihn dafür. Collins erwiderte: „Wir warten seit über 700 Jahren auf unsere Freiheit, da dürfte es Ihnen nichts ausmachen, für sieben Minuten zu warten."

Individuell und nicht auf einer geführten Tour kann man im normannischen Record Tower das **Garda Museum** besichtigen, das über die Entwicklung der irischen Polizei (*Garda* genannt) von den Anfängen bis heute informiert.

❯ **State Apartments and Medieval Undercroft,** Cork Hill, off Dame Street, Tel. 01 6458813, www.dublincastle.ie, Mo.– Sa. 10–16.45 Uhr, So. 12–16.45 Uhr, 45-minütige Führungen alle 20 Min. (5 €, bis 12 Jahre 3,50 €, bis 6 Jahre frei)

❯ **Garda Museum,** Tel. 01 6669998, Mo.– Fr. 10–13 u. 14–16 Uhr, am Wochenende nur nach Absprache geöffnet, Eintritt frei

▲ *Dublin Castle macht heute keinen sehr wehrhaften Eindruck mehr*

033du Abb.: fo © crazy82 – Fotolia.com

22 Chester Beatty Library ★★★ [H7]

Die Chester Beatty Library, seit 2000 untergebracht im Clock Tower hinter Dublin Castle, ist nicht nur eines der bedeutendsten Schatzhäuser Irlands, sondern auch ganz Europas.

Die Sammlung geht auf den reichen amerikanischen Minenbesitzer **Alfred Chester Beatty** (1875–1968) zurück, der ab 1911 in London lebte und britischer Staatsbürger wurde. Während des Zweiten Weltkriegs war Beatty wesentlich dafür verantwortlich, dass die Briten die notwendigen Rohstoffe bekamen. Aufgrund seiner irischen Vorfahren übersiedelte der Magnat später nach Dublin und überließ der Stadt seine einzigartige Sammlung. Dafür adelte ihn der irische Staat 1957 als ersten mit der Ehrenbürgerschaft des Landes.

Im Laufe seines Lebens brachte Beatty von seinen Reisen an die ca. **20.000 Manuskripte, Handschriften, seltene Bücher** und viele weitere Kunstobjekte mit. In der unteren Etage des Museums findet der Besucher Exponate aus Europa, dem islamischen und dem fernöstlichen Raum, darunter illuminierte Handschriften, chinesische Jade-Bücher und kunstvolle arabische, kalligrafische Schriften. Audiovisuelle Vorführungen informieren zudem über Drucktechniken, die Kunst der Papierherstellung und das Buchbinden.

Der erste Stock ist den großen Religionen gewidmet, die Sammlung von rund 300 Koranen aus der Zeit vom 9. bis zum 19. Jh. ist einmalig auf der Welt. Papyri aus dem Ägypten der Pharaonen sowie Bücher und Schriftrollen aus China, Japan und Tibet runden die Sammlung ab. Neben den permanent gezeigten Exponaten werden auch immer wieder themenbezogene Ausstellungen abgehalten. Von der **Zen-Dachterrasse** hat man zudem einen guten Blick auf den prachtvollen Garten rund um das Gebäude.

❯ Dublin Castle, Cork Hill, off Dame Street, Tel. 01 4070750, www.cbl.ie, Mai–Sept. Mo.–Fr. 10–17 Uhr, Okt.–April Di.–Fr. 10–17 Uhr, ganzjährig Sa. 11–17 Uhr, So. 13–17 Uhr, Eintritt frei

034du Abb.: fo © Artur Bogacki – Fotolia.com

❷❸ Christ Church Cathedral ★ ★ ★   [G7]

Sehr wahrscheinlich stand schon vor dem Jahr 600 eine kleine Kapelle an diesem Ort, lange bevor die ersten Nordmänner sich rundherum ansiedelten. 1028 konvertierte der Wikingerkönig Sitric zum Christentum und ordnete den Bau einer hölzernen Kathedrale an. Als die Anglo-Normannen 1169 unter Richard Le Clare „Strongbow" in Irland einfielen, ließ dieser das Gotteshaus abreißen und ein neues aus Stein errichten, das 1240 fertiggestellt war.

Unglücklicherweise war der Untergrund sumpfig und konnte eine solch schwere steinerne Last nicht tragen, 1562 stürzte die Südwand ein und riss die halbe Kathedrale mit sich. 300 Jahre lang nagten daraufhin Wind und Wetter an der Ruine, deren intakt gebliebener Teil noch immer als Gotteshaus genutzt wurde. Im ruinierten Schiff allerdings standen Marktstände und in der Krypta nistete sich eine Kneipe ein. 1870 schließlich spendete der Brennereibesitzer Henry Roe die gewaltige Summe von 230.000 Pfund, um die nun völlig baufällige Kathedrale von Grund auf neu zu errichten. 1878 konnte das komplett renovierte Gotteshaus geweiht werden.

Im südlichen Seitenschiff befindet sich nahe dem Eingang der **Sarkophag von Strongbow**, wenngleich die Ritterfigur darauf nicht mit dem irischen Eroberer identisch ist. Der ursprüngliche Sarg wurde beim Zusammenbruch der Kirche zerstört und durch einen anderen ersetzt. Bei der halben Figur neben dem Grab soll es sich um Strongbows Sohn handeln, der laut einer Legende von seinem Vater mit dem Schwert in zwei Hälften geteilt wurde, da er es auf dem Schlachtfeld an Mut fehlen ließ.

Im südlichen Querschiff findet sich das barocke Grabmal des Earl of Kildare, der 1734 das Zeitliche segnete. Bei einer der beiden Grabfiguren in der Chapel of St. Lawrence soll es sich entweder um Strongbows Frau oder um seine Schwester handeln. Vom Querschiff gelangt man auch in die **große Krypta**, die noch aus der Wikingerzeit datiert. Zu den Kuriositäten gehört hier eine mumifizierte Katze samt einstmals gejagter Maus, die aus einer Orgelpfeife, in die die Maus geflüchtet war, nicht mehr herauskamen. Auch eine **Sammlung seltener Münzen** ist hier zu bestaunen. Vom Haupteingang der Christ Church Cathedral führt eine Verbindungsbrücke hinüber zum ehemaligen Bischofspalast, der heute die Ausstellung Dublinia **㉔** zeigt.

> ❯ Christchurch Place, Tel. 01 6778099, www.cccdub.ie, April/Mai u. Sept./Okt. Mo.–Sa. 9.30–18 Uhr, Juni–Aug. Mo.–Sa. 9.30–19 Uhr, So. 12.30–14.30 u. 16.30–18 Uhr, Nov.–März Mo.–Sa. 9.30–17 Uhr, Sept.–Mai auch So. 12.30–14.30 Uhr, Eintritt 6 € (bis 15 Jahre 2 €)

㉔ **Dublinia** ★★ [G7]

Insbesondere für Kinder ist diese Ausstellung im alten Bischofspalast der Christ Church Cathedral interessant, da hier **mit Wachsfiguren Alltagsszenen aus dem mittelalterlichen Dublin nachgestellt** sind. Interaktive Schaukästen liefern weitere Informationen zur Stadtgeschichte und ein riesiges, maßstabsgetreues Modell zeigt das Dublin des 11. Jh.

Zudem werden ausgegrabene Fundstücke von den Kaianlagen der Wikinger und vieles mehr ausgestellt. 2005 kam noch die **Ausstellung „The Viking World"** hinzu, die keine Frage über die Nordmänner in Irland unbeantwortet lässt.

> ❯ St. Michael's Hill, Tel. 01 6794611, www.dublinia.ie, März–Sept. 10–17 Uhr, Okt.–Feb. 10–16.30 Uhr, Juni/Juli schon ab 9.30 Uhr, Eintritt 7,50 €, Kinder 5 €

㉕ **St. Patrick's Cathedral** ★★★ [G8]

Angeblich ragt die Kathedrale an jenem Ort auf, an dem um 450 der hl. Patrick die zum Christentum konvertierten Iren in einer Quelle taufte. Schon damals soll es hier ein kleines Gotteshaus gegeben haben.

1191 ordnete Bischof John Comyn den Bau der Kirche von St. Patrick an, sein Nachfolger, Erzbischof Henry de Londres, ließ diese jedoch wieder niederreißen und ab 1220 ein neues Gotteshaus errichten, dem er den Status einer Kathedrale zusprach. Etwa 300 Jahre später stürzten die Gewölbe des Hauptschiffs zusammen und als der englische Lord Protector Oliver Cromwell 1649 marodierend durch Irland zog, nutzte dieser das Gotteshaus als Pferdestall. Bis 1860 verkam die Kathedale immer mehr, dann aber beauftragte Sir Benjamin Guinness den Architekten Thomas Drew mit einer umfassenden Restaurierung des Sakralbaus. Zum Dank dafür steht die Statue des Auftraggebers vor dem Eingang der Kathedrale.

Im Inneren finden sich unter zwei Messingplatten die **Gräber von Jonathan Swift** (1667–1745) **und seiner langjährigen Geliebten Esther Johnson,** die er in seinen Büchern unter dem Namen „Stella" berühmt gemacht hat. Daneben hatte Swift noch eine elfjährige, geheimgehaltene Beziehung zu Esther Vanhomrig, die unter dem Pseudonym „Vanessa" firmierte. An der Wand des südlichen Seitenschiffs hängt eine Grabinschrift, die Swift für sich und Stella geschrieben hat („He lies where furi-

◀ *Christ Church Cathedral (r.) und das Ausstellungsgebäude Dublinia (l.)*

ous indignation can no longer render his heart", auf Deutsch: „Er ruht, wo ihm wilde Empörung nicht länger das Herz zerreißen kann"), daneben befindet sich auch eine Büste des satirischen Schriftstellers, der von 1713 bis zu seinem Tod 1745 Dekan von St. Patrick's war.

Das **massige Boyle-Monument** hat 1632 Richard Boyle, Earl of Cork, in Erinnerung an seine verstorbene Frau errichten lassen. Es zeigt die 15 Kinder des Adligen, die ihm von Catherine Fenton geboren wurden. Ursprünglich stand das Denkmal neben dem Altar, doch nur für ein Jahr, dann befahl der englische Statthalter Thomas Wentworth die Verlegung, schließlich wollte er nicht vor einem Menschen aus Cork niederknien. Wentworth schikanierte Boyle, wo er nur konnte, und nachdem er in Ungnade gefallen war, diente Boyle als ein wichtiger Zeuge beim Prozess und konnte erleben, wie der einst mächtigste Mann Irlands zum Tode verurteilt wurde.

Im nördlichen Querschiff befindet sich in einem Bücherschrank die **Totenmaske von Jonathan Swift**, daneben stehen sein Kirchenstuhl und die Kanzel, von der er predigte. Vor dem Altar befindet sich der Kirchenstuhl, auf dem sich einst der protestantische englische König Wilhelm von Oranien während der Messe niederließ. In der Schlacht am Fluss Boyne 1690 schlug er die Truppen Jakobs II., seines katholischen Konkurrenten um den englischen Thron, vernichtend.

Auf dem Gelände des sich nördlich an die Kathedrale anschließenden **St. Patrick's Parks** befand sich Ende des 19. Jh. ein Elendsviertel, das parallel zur Renovierung des Gotteshauses abgerissen und in ein Gartenareal umgestaltet wurde.

❭ St. Patrick's Close, Tel. 01 4539472, www.stpatrickscathedral.ie, März–Okt. Mo.–Fr. 9–17, Sa. 9–18, So. 9-10.30, 12.30–14.30, 16.30–18.00. Nov.–Feb. Mo.–Fr. 9-17 Uhr, Sa. 9–17 Uhr, So. 9–10.30, 12.30–14.30, Eintritt 5,50 €

㉖ Marsh's Library ★★ [H8]

Der Besuch von Irlands ältester Bibliothek, nur einen Steinwurf von der St. Patrick's Cathedral entfernt, ist für jeden Bücherfreund ein Muss.

1701 gründete Erzbischof Narcissus Marsh die **erste öffentliche Bibliothek Dublins** und beauftragte den Architekten Sir William Robinson mit der Errichtung eines geeigneten Gebäudes. Sechs Jahre später öffnete die Bibliothek ihre Pforten und in den vergangenen 300 Jahren hat sich dort **kaum etwas verändert**. In den kunstvoll geschnitzten Regalen stehen rund 25.000 Bücher aus dem 16. bis 18. Jh., hinzu kommen vie-

EXTRATIPP

Livemusik

Auf dem Weg von der Marsh's Library ㉖ zum Guinness Storehouse ㉗ sollte man sich für einen abendlichen Besuch schon einmal mit der Lage des Pubs The Brazen Head (s. S. 25) vertraut machen.

Die älteste Taverne Dublins datiert aus dem Jahr 1198, heute finden hier regelmäßig traditionelle Livesessions statt. Berühmt gemacht hat die Kneipe der Schriftsteller Brendan Behan, der dort am liebsten sein Guinness trank – so lange, bis ihn die Leberzirrhose dahinraffte. Bei seinem Tod schrieb eine Zeitung in ihrem Nachruf: „ Er war zu jung zum Sterben, aber zu betrunken, um zu leben."

le Handschriften, Manuskripte und Landkarten. Neben theologischen Werken und klassischer Literatur findet der Besucher auch Bücher über Medizin, Recht, Mathematik, Navigation und Musik.

Herzstück der nach wie vor öffentlichen Bücherei sind die 10.000 Bände des englischen Erzbischofs von Worcester, Edward Stillingfleet, die Marsh für die damals ungeheure Summe von 2500 Pfund kaufte. Auch Marshs eigene Buchbestände fanden selbstverständlich ihren Weg in seine Bibliothek. Eine Kuriosität sind die **käfigartigen Abteile**, in die früher die Leser mit ihren seltenen Büchern eingeschlossen wurden, um Diebstahl zu vermeiden. Wie es heißt, soll der Gründer der Einrichtung als Gespenst noch immer zwischen den Buchregalen umherwandeln.

❯ St. Patrick's Close, Tel. 01 4543511, www.marshlibrary.ie, Mo., Mi.–Fr. 9.30–13 Uhr u. 14–17 Uhr. Sa. 10–13 Uhr, Eintritt 2,50 €

▲ *In der Gravity Bar*
des Guinness Hop Store

㉗ Guinness Storehouse und St. James's Gate Brewery ★★ **[E7]**

Eine der bekanntesten Besucherattraktionen Dublins ist die Guinness-Brauerei, von der man allerdings nur das **Besucherzentrum** zu sehen bekommt. Dessen zentrales Gebäude ist **einem riesigen Pint-Glas nachempfunden**, in dem das Guiness traditionell auf den Tresen kommt.

Ganz oben im „Pint" befindet sich im siebten Stock die rundum **vollverglaste Gravity Bar**, von der aus man einen guten Blick auf die Produktionsanlagen der 26 ha umfassenden Brauerei und an einem schönen Tag auch über ganz Dublin hat. Damit man sich hier allerdings nicht zu lange aufhält, haben die Betreiber erst gar keine Stühle aufgestellt. **Im alten Gärhaus** von 1904 erfährt man alles, was mit der Herstellung des irischen Nationalgetränks zu tun hat.

❯ St. James's Gate, Tel. 01 4084800, www.guinness-storehouse.com, tgl. 9.30–17 Uhr, Juli/August bis 19 Uhr, Eintritt 14,40 € (Kinder von 6 bis 12 Jahren 4,80 €), Busse Nr. 21A, 78 und 78A vom Aston Quay

Guinness, das irische Nationalgetränk

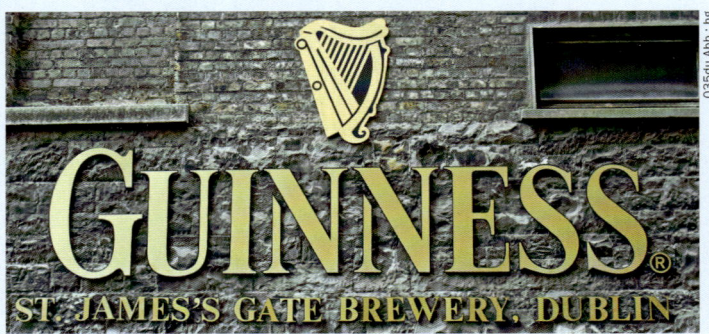

03Sdu Abb: hg

In fast 150 Länder der Erde wird Guinness exportiert und glaubt man den amtlichen Verlautbarungen der Brauer, so trinken die Durstigen **weltweit 10 Mio. Gläser pro Tag.** Selbst in Staaten wie Malaysia, in denen der Islam herrscht und den Genuss von Alkohol verbietet, wird Guinness in Lizenz hergestellt – und so ist es auch in Staaten wie Ghana oder Jamaika.

Dass das bekömmliche Gebräu auch bei den nachwachsenden Generationen gleichermaßen beliebt bleibt, dafür sorgt eine **aufwendige Werbekampagne,** für die bekannte irische Musikgruppen oder nationale Fußballstars verpflichtet werden. Mit dem **Guinness Book of Records,** das die pfiffigen Brauer Jahr für Jahr neu herausgeben, ist ihnen ebenfalls ein beispielloser Reklamecoup gelungen. Auch das jährlich stattfindende Galway Oyster Festival sowie viele weiterer Ereignisse werden vom Guinness-Konzern unterstützt, der so an der stetigen Verbesserung seines Image feilt.

Zudem halten Millioneninvestitionen in die Brautechnik das Unternehmen konkurrenzfähig – und dass die Brauerei einmal wegen steigender Mieten ihres Firmengeländes auf ein neues Quartier ausweichen muss, steht auch nicht zu befürchten: Im Jahr 1759 pachtete Arthur Guinness das Areal am St. James's Gate für 9000 Jahre.

Die **Ursprünge des schwarzen Gebräus** gehen eigentlich auf den Versuch zurück, das in England beliebte Porter-Bier zu kopieren. Unter Zuhilfenahme von Wasser, Malz, Hopfen und Hefe experimentierte **Arthur Guinness (1725–1803)** so lange herum, bis ihn das Ergebnis zufriedenstellte.

Als Erstes begann er mit dem Mälzvorgang der Gerste (Barley). Dabei überschüttete Guinness das Getreide so lange mit Wasser, bis es zu keimen begann, danach wurde es getrocknet. In das so entstandene Malz (Malt) mischte er dann ein wenig **geröstete Gerste** – diese übrigens **gibt dem Bier die schwarze Farbe.** Das so veredelte Malz wurde nun gemahlen, dann im Brauhaus in große Behälter (Kieves) gefüllt und mit heißem Wasser verdünnt. Aus diesem Maischebrei filterte er dann die sogenannte Würze (Wort) heraus, fügte Hopfen hinzu und ließ den Sud einige Stunden kochen.

Der danach abgeschöpften Flüssigkeit fügte Arthur die Hefe hinzu, die nun den Gärprozess einleitete und den Zucker von Hopfen und Malz in Alkohol umwandelte. Fertig war das **bekömmliche und alkoholreiche Stout** *(Starkbier), das schon bald seinen weltweiten Siegeszug antrat. Guinness wurde steinreich und die Familie gehört zu den wohlhabendsten Irlands.*

Wer über so viel Geld verfügt, der möchte auch von Adel sein. **In den blaublütigen Stand erhoben** *wurde als Erster Benjamin Lee Guinness (1798-1868), der Sohn des Gründers. Zum Dank ließ er die St. Patrick's Cathedral* 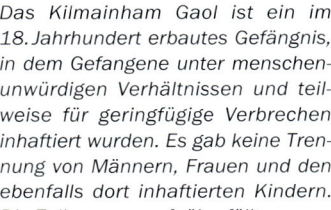**25** *von 1860 bis 1863 mit einer Bausumme von 110.000 Pfund – damals eine ungeheure Summe – renovieren und sponserte im Jahr 1856 das Dublin Exhibition Palace Project. Außerdem wurde er 1851 zum Dubliner Bürgermeister gewählt.*

Benjamin Lees Sohn, Arthur Edward Guinness (1840-1915), ging als Lord Ardilaun in die Geschichte Dublins ein – er stiftete 1880 der Bevölkerung den Park St. Stephen's Green **1**. *Sein jüngerer Bruder Edward Cecil (1847-1927), First Earl of Iveagh, tat sich ebenfalls als Philanthrop hervor und ließ eine Reihe vorbildlicher Arbeiterhäuser errichten.*

Viele irische und englische Literaten *waren begeisterte Anhänger des Guinness und propagierten es in ihren Schriften. James Joyce nannte es den „Wein des Landes" oder auch das „schäumende, ebenholzfarbene Bier". Skurril ist, dass Douglas Mawson, der den magnetischen Südpol entdeckte, das Bier tiefgefroren in seinem antarktischen Basislager aufbewahrte.*

28 Kilmainham Gaol ★ ★ ★ [A7]

Das Kilmainham Gaol ist ein im 18. Jahrhundert erbautes Gefängnis, in dem Gefangene unter menschenunwürdigen Verhältnissen und teilweise für geringfügige Verbrechen inhaftiert wurden. Es gab keine Trennung von Männern, Frauen und den ebenfalls dort inhaftierten Kindern. Die Zellen waren oft überfüllt.

Während der „Großen Hungersnot" von 1845 bis 1851 (s. Exkurs „Die Kartoffel und die ‚Große Hungersnot'") war das schlimme Gefängnis überfüllt mit denjenigen, die Nahrung gestohlen oder um Essen gebettelt hatten. Als **Symbol für die britische Unterdrückung** erlangte es allerdings traurige Berühmtheit, als zwischen 1803 und 1923 irische Revolutionäre hier einsaßen, die für einen eigenen, souveränen Staat eintraten. Auch die Führer des Osteraufstandes von 1916 warteten hier in den Zellen auf ihre Hinrichtungen, die im Gefängnishof so brutal vollzogen wurden, dass sich die öffentliche Meinung stärker als zuvor gegen die britische Staatsmacht wendete und die Briten wenige Jahre später von der Insel vertrieben wurden (s. Exkurs S. 38).

1792 begannen die Briten mit dem Bau des Zuchthauses, vier Jahre später schlossen sich die Tore hinter den ersten Gefangenen. Der Besucher wird zuerst in der kleinen Gefängniskapelle mit einer **audiovisuellen Show** über die Geschichte des Zuchthauses vertraut gemacht. Man erfährt auch, das Joseph Plunkett, einer der Führer des Osteraufstands, wenige Minuten vor seiner Erschießung hier seine Freundin Grace Gifford heiratete und dass der schwer verletzte James Conolly festgebunden auf einem Stuhl im Hof erschossen wurde.

03 7du Abb.: hg

29 Royal Hospital Kilmainham – Irish Museum of Modern Art ★★★ [B7]

Irlands Kollektion zeitgenössischer Kunst ist seit dem Frühjahr 1991 im wunderschönen Royal Hospital Kilmainham untergebracht. Zwischen 1680 und 1684 wurde das königliche Krankenhaus in Anlehnung an das Pariser Hôtel des Invalides für verdiente Armeeveteranen errichtet, die in dem repräsentativen Bau frei von materiellen Sorgen ihren Lebensabend verbringen konnten.

Kaum fertiggestellt, diente das Haus als Vorbild für das Royal Naval Hospital in Greenwich und das Royal Hospital in Chelsea/London. 250 Jahre lang diente das Dubliner „Altersheim" seiner ursprünglichen Bestimmung. 1923 zogen die letzten britischen Pensionäre ab und das einst schmucke Gebäude **stand für mehr als ein halbes Jahrhundert leer** und wurde immer baufälliger.

In den 1980er-Jahren schließlich genehmigte die Regierung 20 Mio. Pfund für eine umfangreiche Restaurierung des Hospitals. Viele Kunstfreunde hielten das für verschleudertes Geld und rieten dazu, die Summe lieber für den Ankauf moderner Kunstwerke zu verwenden. Was besser gewesen wäre, mag jeder Besucher selbst entscheiden, Fakt ist: Das restaurierte Royal Hospital des Archi-

Während der anschließenden geführten Tour durch den Komplex bekommt man viele Informationen zu den Themen Unterdrückung und Tod und erlebt dabei die irische Geschichte hautnah. Im Gefängnishof markieren zwei Holzkreuze die **Hinrichtungsstätten.**

Auch Éamon de Valera, der erste Präsident Irlands, saß im Kilmainham. Zuerst kerkerten ihn die Briten ein, trauten sich dann aber nicht, ihn hinrichten zu lassen, da de Valera amerikanischer Staatsbürger war. Während des Irischen Bürgerkriegs setzten ihn dann seine ehemaligen Kampfgefährten erneut hinter Gitter.

Nach der Führung kann man sich in einem **Museum** über das Gefängnisleben und den irischen Freiheitskampf noch eingehender informieren.

❯ Inchicore Road, Tel. 01 4535984, www.tourist-information-dublin.co.uk, April–Sept. tgl. 9.30–18 Uhr, Okt.–März Mo.–Sa. 9.30–17.30 Uhr, So. 10–18 Uhr, Eintritt 6 €, Kinder 2 € Busse Nr. 23, 51, 51A, 78 und 79 vom Aston Quay

◀ *Viele irische Revolutionäre endeten in diesem Gefängnis, das inzwischen auch als Drehort genutzt wird. Etwa für den 1993 erschienenen Spielfilm „Im Namen des Vaters" über die „Guildford Four".*

tekten William Robinson ist **eines der schönsten klassizistischen Bauwerke Irlands.**

Tatsache ist aber auch, dass das Museum nur eine kleine eigene Sammlung besitzt und **hauptsächlich wechselnde Sonderausstellungen moderner Kunst** zeigt, die durch Leihgaben von Sammlern oder ausländischen Museen ermöglicht werden. Schenkungen von Kunstmäzenen waren bisher rar und für Ankäufe hätte der irische Staat mittlerweile zwar das Geld, doch gibt es immer mehr dringende öffentliche Aufgaben, die hohe Investitionen verlangen.

Schon bei der Eröffnung im Mai 1991 schrieb „Der Spiegel" süffisant über die mageren Bestände des neuen Hauses: „Durch Geldmangel und kulturgeografische Randlage behindert, ist Direktor Declan McGonagle darauf verfallen, seine bescheidene Kollektion durch internationale Leihgaben zu überhöhen und so Maßstäbe zu setzen. Niederländische Museen gaben auf Zeit gar eine komplette Klassikersammlung her. Ein wahrhaft gewichtiges Geschenk machte der in Irland siedelnde deutsche Bildhauer Ulrich Rückriem: Er überließ dem Museum seine bisher private Installation von 24 Steinwerken in einer eigens dafür errichteten Halle bei Schloss Clonegal etwa 90 km südlich von Dublin. Wallfahrer dorthin brauchen eine gute Straßenkarte."

❯ Military Road, Tel. 01 6129900, www.imma.ie, Di., Do.–Sa. 10–17.30 Uhr, Mi. 10.30–17.30 Uhr, So. 12–17.30 Uhr, Eintritt frei, Bus Nr. 24, 79 und 90 vom Aston Quay, Luas Red Line bis „Heuston Station". **Das Haupthaus ist bis Ende 2012 geschlossen.** Vorübergehend wird daher auch das Erdgeschoss der National Concert Hall (s. S. 27) genutzt.

Rund um die O'Connell Street

Die O'Connell Street markiert das nördlich vom River Liffey gelegene Stadtzentrum und ist seit 1794, als die O'Connell Bridge fertiggestellt wurde, die Prachtstraße der irischen Metropole.

Spaziert der Besucher über die O'Connell Bridge auf die O'Connell Street zu und schaut den River Liffey flussaufwärts, so erkennt er die elegant gebogene **Ha'Penny Bridge** [16], eine Fußgängerbrücke über den Strom, die ihren Namen von dem früher zu entrichtenden Wegezoll bekommen hat.

Gleich am südlichen Anfang der Straße grüßt ein **riesiges bronzenes Standbild des „Liberators" Daniel O'Connell** (1775–1847), das von John Henry Foley entworfen und 1880 aufgestellt wurde [16]. O'Connell, Bürgermeister von Dublin und irischer Parlamentsabgeordneter in London, kämpfte für die Gleichberechtigung von Katholiken und Protestanten sowie für die Aufhebung der Union mit Großbritannien.

Zu den Füßen des berühmten irischen Politikers befinden sich vier geflügelte, engelsgleiche Figuren, die die Charaktertugenden des Mannes symbolisieren: **Patriotismus, Mut, Treue und Eloquenz.** Seine Beredsamkeit hatte O'Connell vielfach auf den sogenannten *Monster Meetings* unter Beweis gestellt, auf denen er Menschenmassen mobilisierte, wie sie Irland zuvor noch nicht gesehen hatte.

Wenige Schritte weiter erinnert eine Statue an **William Smith O'Brien** (1803–1864), der die Bewegung der *Young Irelanders* ins Leben geru-

ther Theobald Mattew (1790–1856) zeigt, der sich der in Irland schwierigen Aufgabe widmete, seine Landsleute vor den Gefahren des Alkohols zu warnen und eine erstaunlich erfolgreiche Kampagne gegen den flüssigen Dämon führte. Im Stadtgebiet von Dublin ist auch eine Brücke über den River Liffey nach ihm benannt.

Am nördlichen Ende der O'Connell Street **ehrt ein monumentales Standbild Charles Stewart Parnell** (1846–1891), der als irischer Abgeordneter im Londoner Parlament für das Selbstbestimmungsrecht seines Landes kämpfte und der bigotten Moral seiner Zeit zum Opfer fiel. Oscar Wilde nannte ihn den „ungekrönten König Irlands" (s. Exkurs S. 77).

fen hatte. Obwohl selbst Protestant, kämpfte O'Brien gegen die Unterdrückung der katholischen Bevölkerungsmehrheit – dafür schickten ihn die Briten für fünf Jahre auf die australische Gefängnisinsel Tasmanien.

Vor der Dubliner Hauptpost **㉝** findet sich ein kraftvolles Denkmal für den Gewerkschaftsführer Jim Larkin (1876–1947), der 1913 einen Generalstreik gegen die Briten anzettelte. Die Skulptur stammt von dem bekannten irischen Bildhauer Oisin Kelly (1915–1981), einem Schüler von Henry Moore.

Von O'Connell Street zweigt nach rechts die autofreie North Earl Street [I5] ab, an deren Anfang sich eine kleine anmutige **Statue von James Joyce** befindet. Da stützt sich der große Romancier auf seinen Stock – und demzufolge haben die Dubliner ihrem berühmtesten Sohn den obszönen Beinamen „The Prick with the Stick" („Der Schwanz mit dem Spazierstock") gegeben.

Weiter entlang O'Connell Street passiert man ein Denkmal, das Fa-

㉚ Custom House ★ **[J6]**

Die O'Connell Bridge führt über den River Liffey und geradewegs auf die O'Connell Street zu. Unmittelbar hinter der Brücke verläuft nach rechts der Eden Quay entlang dem Flussufer und bringt den Flaneur schnell zum Custom House, das leider nur noch von außen zu besichtigen ist. Der **gewaltige, schneeweiße, kuppelüberkrönte georgianische Bau** erstreckt sich 115 m wie ein langer Riegel am Liffey-Ufer entlang. Das ganz auf machtvolle Demonstration angelegte **Zollgebäude** war der erste von dem Architekten James Gandon in Dublin errichtete Bau und entstand zwischen 1781 und 1791. Um die **kolossale Fassade** komplett in den Blick zu bekommen oder auf den Film zu bannen, muss man einen Standort am südlichen Flussufer wählen.

◀ *Kunstvolles Detail an der schmiedeeisernen Ha'Penny Bridge*

Charles Stewart Parnell

Charles Stewart Parnell (1846–1891) stammte aus einer begüterten, protestantischen Grundbesitzerfamilie. Als er die politische Bühne betrat, setzte er sich zunächst für die Rechte der kleinen, meist katholischen Pächter gegenüber den Großgrundbesitzern ein. 1879 wurde er im Parlament zu Westminster der **Führer der sogenannten Home-Rule-Bewegung,** *die für die Wiederherstellung des irischen Parlaments im Rahmen des Vereinigten Königreichs eintrat. Mit einer systematischen Blockadepolitik – Parnell redete über Stunden, manchmal sogar nächtelang zu bestimmten Themen – gelang es ihm, den Parlamentsbetrieb weitgehend lahmzulegen.*

Der eloquente Politiker **arbeitete sich zum mächtigsten Mann Irlands empor.** *1885 stand er auf dem Höhepunkt seiner Karriere: Mit 86 Abgeordneten und deren Stimmkraft konnte Parnell Einfluss auf die englische Politik nehmen. Er unterstützte den liberalen englischen Premier Gladstone, der seine Stimmen zur Bildung der Regierung benötigte. Gladstone zeigte sich dankbar und brachte mehrere Anträge zur irischen Selbstverwaltung im Parlament ein. Doch immer wieder scheiterten diese Gesetzesvorhaben an ungünstigen politischen Konstellationen und natürlich vor allem am Nationalgefühl der Briten.*

038du Abb.: hg

Parnell blieb ein großer politischer Erfolg versagt. In dieser Situation wurde seine **Liebesaffäre** *mit Mrs. Kitty O'Shea, der Frau eines Parteifreundes, bekannt und die moralinsauren englischen Liberalen forderten seinen Rücktritt. Parnell weigerte sich, sein Amt zu verlassen, und erreichte damit* **die Spaltung der Home Rule League.** *Erst nach seinem Tod 1891 schloss sich die Bewegung wieder zusammen.*

Auf der Traufkante des Daches befinden sich vier Statuen, die im Unabhängigkeitskrieg von 1921 während eines fünftägigen Gefechts zerstört und deren Repliken erst 1991 wieder aufgestellt wurden. In den 1920er-Jahren und noch einmal 60 Jahre später wurde das Gebäudeinnere und -äußere **umfangreich res**taurier**t.** Bekrönt wird der Bau von einer Kupferkuppel, auf deren Scheitelpunkt eine 5 m hohe Figur das Prinzip Hoffnung verkörpert.

Vor dem Gebäude befindet sich eine **Skulptur,** deren lebensgroße Bronzefiguren an die Schrecken der „Großen Hungersnot" von 1845 bis 1849 erinnern (s. Exkurs S. 42). Das eindrucksvolle Denkmal wurde vom irischen Bildhauer Rowan Gillespie gestaltet und 1997 enthüllt.

In unmittelbarer Nähe befindet sich der Überland-Busbahnhof *(Busáras)*, wo Fernbusse starten.

🅱️ Jeanie Johnston Tall Ship & Famine Museum ★ [L6]

Ein paar Gehminuten vom Custom House liegt die Jeanie Johnston, der **Nachbau eines Dreimasters** aus dem 19. Jahrhundert. Das Originalschiff beförderte zwischen 1847 und 1855 nach der „Großen Hungersnot" in Irland (s. S. 42) zahlreiche Auswanderer unter spartanischen Bedingungen nach Amerika, wo sie auf ein neues, besseres Leben hofften.

Das Schiff kann im Rahmen einer Führung besichtigt werde, bei der man nicht nur einen guten Eindruck der Lebensbedingungen an Bord bekommt, sondern auch etwas über den Hintergrund der Auswanderung und manche Einzelschicksale erfährt.

❯ Custom House Quay, Tel. 01 4730111, www.jeaniejohnston.ie, Führungen tgl. um 11, 12, 14 und 15 Uhr, Erwachsene 8,50 €, Kinder 4,50 €.

🅲️ The Spire ★★ [I5]

Wenige Meter Fußweg auf dem breiten Mittelstreifen der O'Connell Street führen zu einem schon von Weitem sichtbaren Monument. Wie eine gigantische stählerne Riesennadel ragt hier das 393 Fuß (120 m) hohe „Monument of Light" – auch „Millenium Spire" genannt – in den Himmel. Das in der Bevölkerung umstrittene Denkmal soll laut Regierung den unerschütterlichen Glauben der Iren an ein besseres drittes Jahrtausend symbolisieren.

Entworfen hat „The Spire" der Londoner Architekt Ian Ritchie – er setzte sich damit an die Spitze von 205 Einsendungen aus aller Welt. Parallel zur Errichtung des „Obelisken", der 2002 enthüllt wurde, wurde die O'Connell Street mit einem Aufwand von rund 50 Mio. Euro generalüberholt. Unten am Boden hat diese **höchste Skulptur der Welt** einen Durchmesser von 3 m und verjüngt sich dann für 120 m nach oben zur Spitze hin auf 15 cm. Wie viele andere Attraktionen auch verulken die Dubliner die gewaltige Nadel als „Stiletto in the Ghetto" („Stilett im Ghetto") oder „The Why in the Sky" („Das Warum im Himmel") und sehen darin einen überdimensionalen Tribut an das Heroinproblem der Stadt.

Dublins höchstes Bauwerk, dessen Spitze nach Einbruch der Dunkelheit **durch Leuchtdioden illuminiert** wird, ragt an dem Ort auf, auf dem einmal die **Nelson-Säule** in den Himmel wies. Noch bevor der Londoner Trafalgar Square mit einer Statue des maritimen Strategen Lord Horatio Nelson hoch oben auf einer Säule angelegt wurde, hatten die Briten in Dublin bereits ein solches Denkmal auf dem Mittelstreifen der O'Connell Street errichten lassen, das von irischen Nationalisten als sichtbares Zeichen der Unterdrückung angesehen wurde. Der Dramatiker William Butler Yeats nannte das Ding „ein Monstrum, das jeden Blick auf eine der schönsten Straßen Europas zerstört".

Mehrere Versuche, es abzureißen, scheiterten, bis 1966 zum 50. Jahrestag des Osteraufstands eine Bombe der IRA Säule und Statue in die Luft jagte.

❯ Infos: www.visitdublin.com/Asset/See_ and_Do/The_Spire. Ein Bild der Skulptur findet sich auf Seite 131.

33 **General Post Office** ★ ★ [I5]

Das „GPO", wie die Hauptpost von Dublin im Volksmund heißt, ist nicht zu übersehen, ziert doch ein mächtiger ionischer Säulenvorbau das Gebäude. Für den 1818 eröffneten gewaltigen Bau zeichnete der Architekt Francis Johnson verantwortlich.

Beim **Osteraufstand** im April 1916 verlas James Conolly von den Stufen der Post herab die **Unabhängigkeitserklärung**, danach flüchteten er und seine Mitstreiter sich in das Gebäude, das von den Engländern unter Feuer genommen wurde. Sechs Tage dauerten die Kämpfe, bei denen nicht nur die Hauptpost schwer beschädigt wurde, sondern noch eine ganze Reihe von weiteren Häusern in der Nachbarschaft. Die **Kugellöcher in der Fassade** sind auch noch heute zu sehen.

Erst 1929 öffnete das Postgebäude wieder seine Pforten. Im Inneren erinnern eine große **Bronzestatue des Cú Chulainn** – ein Held aus der irischen Mythologie – und eine Reihe von realistischen Gemälden an den Aufstand und seine Opfer.

Im Rücken des GPO verläuft die Moore Street, auf der Mo. bis Sa. ein **Straßenmarkt** abgehalten wird. Selbstversorger können sich hier sowie in den Fischgeschäften, Metzgereien und Spezialitätenläden der umliegenden Straßen mit Lebensmitteln eindecken.

> O'Connell Street, www.anpost.ie, Mo.–Sa. 8–20 Uhr

KLEINE PAUSE

Pause beim GPO

Schräg gegenüber vom Postgebäude zweigt die verkehrsberuhigte North Earl Street ab, direkt an der Ecke zur O'Connell Street befindet sich das **Café Kylemore** (s. S. 21), das leckere Kuchen im Angebot hat. Zudem kann man durch die großen Glasscheiben das Treiben auf den Straßen gut beobachten.

Wenige Schritte weiter die North Earl Street hoch, findet sich in Haus Nr. 25 der alteingesessene **Pub Madigan's** (s. S. 24), vor dem eine kleine Statue James Joyce ehrt. Die Kneipe wurde beim Osteraufstand von 1916 schwer in Mitleidenschaft gezogen, doch schnell wieder instand gesetzt. Für die Einkaufslustigen entlang der O'Connell Street ist die Taverne ein beliebter Ort für eine erholsame Pause, abends gibt es unregelmäßig traditionelle Livemusik und eine Reihe von Bar Meals rundet das gastronomische Angebot ab.

In der Capel Street, die parallel zur O'Connell Street verläuft, lohnt während des Einkaufsbummels der alteingesessene **Pub Slattery's** (s. S. 25), der abends ebenfalls Livemusik verschiedener Couleur im Angebot hat.

▲ *Dublins Hauptpostamt war beim Osteraufstand von 1916 schwer umkämpft*

34 St. Mary's Pro-Cathedral ★★ [I5]

Dublins bedeutendstes katholisches Gotteshaus sollte eigentlich einmal dort in den Himmel ragen, wo sich heute das General Post Office 33 befindet, und damit in einer wesentlich besseren städtischen Lage seinen Platz haben, als es die Kirche nun – an den Rand gedrängt – hat. Verantwortlich für die Planungsänderungen war die britische Regierung, die eine **katholische Machtdemonstration in architektonischem Gewand befürchteten** – so wie es heutzutage viele deutsche Städte auch halten, wenn sie Moscheeneubauten der türkischen Minderheit in Industriegebiete setzen.

Die Kathedrale entstand zwischen 1816 und 1825 in einem **städtischen Areal mit zweifelhaftem Ruf,** das noch heute den Namen „Monty" (nach der ehemaligen Montgomery Street) trägt und zur damaligen Zeit das Bordell- und Straßenstrichmilieu beherbergte, in das die englischen Besatzungssoldaten oft und gerne eintauchten – und viele katholische Dubliner mit ihnen. Mit Beginn der Unabhängigkeit unterzogen die neuen städtischen Autoritäten das Viertel sofort einer moralischen Säuberung und änderten den verruchten Straßennamen in Cathedral Street um.

Die Frontseite der Kirche ist dem Tempel des Hephaistos in Athen nachempfunden und zeigt sechs hochaufragende dorische Säulen. Das Innere ist recht nüchtern ausgestaltet. Ausnahmen sind der geschnitzte Altar des italienischstämmigen irischen Künstlers Peter Turnerelli (1774–1839), der heute in einen modernen Altar integriert ist, und die „Himmelfahrt Jesu" von John Smyth

(1520–1612). **Viele Staatstrauerfeierlichkeiten** fanden in der Kathedrale statt, darunter die letzte Ehrung des „Befreiers" Daniel O'Connell 1847 und die Beerdigung von Michael Collins 1922.

Jeden Sonntag um 11 Uhr findet der Hauptgottesdienst statt und dann singt auch der berühmte **Palestrina Chor.**

> Marlborough Street, Tel. 01 8745441, www.procathedral.ie, Mo.–Fr. 7.30–18.45 Uhr, Sa. 7.30–19.15 Uhr, So. 9–13.45 u. 17.30–19.45 Uhr, Eintritt frei

35 Garden of Remembrance ★ [H4]

Der kleine „Park der Erinnerung" wurde **zum 50. Jahrestag des Osteraufstands** von 1916 durch den irischen Präsidenten Eamon de Valera eröffnet und soll die Kämpfer um die irische Unabhängigkeit nicht in Vergessenheit geraten lassen.

Die **riesige Bronzeskulptur** des Künstlers Oisín Kelly, einem Schüler von Henry Moore, im Park zeigt die vier Kinder von Lir, die nach einer mythologischen irischen Legende von ihrer bösen Stiefmutter Aoife in Schwäne verwandelt wurden und über 900 Jahre lang ein Leben als Tier führen mussten.

> Parnell Square, April–Sept. tgl. 8.30–18 Uhr, Okt.–März tgl. 9.30–16 Uhr

▶ *Der Garden of Remembrance erinnert an den blutigen Osteraufstand von 1916*

041du Abb.: hg

36 Dublin
Writers' Museum ★★★ [H4]

Das kleine Irland hat erstaunlich viele Literaturgiganten hervorgebracht, einige davon wurden mit dem Nobelpreis geadelt. Das Writers' Museum trägt diesen Tatsachen Rechnung.

Die Idee für die Einrichtung eines Schriftstellermuseums in Dublin geht auf den Journalisten Maurice Gorham (1902–1975) zurück. Nach seinem Tod sollte es noch 16 Jahre dauern, bis ein solches Haus Realität wurde. Im November 1991 wurde das Dublin Writers' Museum eröffnet. Es zeigt viele **Erinnerungsstücke der bedeutenden irischen Geistesgrößen**, darunter Fotos, Briefe, Manuskripte, seltene Erstausgaben, unterschiedliche Besitztümer und vieles andere mehr.

Dem Haus ist auch die **Gorham Library** angegliedert, die sämtliche Publikationen der hier verehrten Schriftsteller und Dichter in ihrem Bestand hat. Ein Café sowie ein Buchladen vervollständigen die Ausstattung des Zentrums und der ruhige **Zen-Garten** lädt sommertags zur Meditation über die Werke der Autoren ein. Im Keller des Hauses ist eines der besten Restaurants Dublins untergebracht, das Chapter One (s. S. 21).

❯ 18 Parnell Square North, Tel. 01 8772077, www.writersmuseum.com, Mo.–Sa. 10–17 Uhr, So. 11–17 Uhr, Eintritt 7,50 € (Kinder 4,70 €)

Im Nachbarhaus Nr. 19 hat das **Irish Writers' Centre** seinen Sitz, das den zeitgenössischen Schriftstellern als Treffpunkt und Arbeitsplatz dient und im Lauf des Jahres viele Seminare, Tagungen, Kurse für kreatives Schreiben und Lesungen organisiert. In den Studios des Hauses leben immer einige Gastautoren, die sich hier ganz auf ihre Arbeit konzentrieren können.

❯ 19 Parnell Square North, Tel. 01 8771302, www.writerscentre.ie

Irische Schriftsteller von Weltruhm

*Als einer der ganz großen irischen Literaten gilt **James Joyce,** dessen Monumentalwerk „Ulysses" eine literarische Revolution hervorrief.*

Geboren am 2. Februar 1882, kam der Knabe bald in die Zucht eines Jesuitenkollegs, weigerte sich jedoch nach Abschluss seiner Schulausbildung, dem Orden beizutreten und studierte stattdessen Literatur und Sprachen in Dublin. Nachdem er seinen Magisterabschluss gemacht hatte, begann er 1902 ein Medizinstudium, das er jedoch nicht beendete. 1904 verließ er zusammen mit seiner Lebensgefährtin Nora Barnacle (die er 1931 heiratete) Irland und schlug sich in Triest, Rom, Paris und Zürich als Sprachlehrer und Schriftsteller durch. 1907 erschien der Gedichtband „Kammermusik".

Um 1913 wurde Ezra Pound auf Joyce aufmerksam, förderte intensiv das literarische Genie und sorgte für die Publikation der Joyce'schen Werke. Ein Jahr später erschienen die „Dubliner Geschichten". Zwischen 1914 und 1922 schrieb Joyce sein Meisterwerk „Ulysses" nieder. Nicht so sehr der Romaninhalt - die Wünsche, Vorstellungen und Sorgen von drei Personen im Ablauf eines einzigen Tages -, sondern die schriftstellerische Montagetechnik aus Vor- und Rückblenden sowie ständig wechselnden Erzählweisen fasziniert den Leser. Aufgrund der rückhaltlosen Offenheit des Dichters stand das Werk im englischsprachigen Raum zeitweise auf dem Index. 1939 erschien „Finnegans Wake" („Finnegans Erwachen"), sein Alterswerk.

Schwere Depressionen und ein fast lebenslanger exzessiver Alkoholkonsum ruinierten die körperliche und seelische Verfassung des großen Schriftstellers, der am 13. Januar 1941 in Zürich starb.

*Nicht minder berühmt ist der Satiriker **George Bernard Shaw,** der am 26. Juli 1856 als protestantischer Ire in Dublin das Licht der Welt erblickte. In seinen „16 selbstbiographischen Skizzen" gab er die folgende Betrachtung seiner Herkunft ab: „Herabkömmling; Landedelleute verarmt; Vater mittellos und erfolglos; pensionierter Beamter, der Getreidehändler wird, ohne kaufmännische Kenntnisse. Außerdem Trinker." Folgerichtig mied Shaw den Alkohol und lebte absolut abstinent. (Dies war den Textern einer deutschen Werbeagentur offensichtlich unbekannt, als sie Ende 1990 in einem großen deutschen Wochenmagazin eine ganzseitige Anzeige für irischen Whiskey schalteten. Darauf sah man Shaw, wie er sich gedankenversunken über den weißen Bart strich und in der Werbebotschaft - ein Zitat andeutend - hieß es: „Whiskey ist flüssiger Sonnenschein!" Woher mag er das wohl gewusst haben?)*

Erzogen in einer Proletarierschule, flüchtete er 1876 vor einer Kontorlehre und arbeitete als Journalist in London, ein „Pfuscherberuf", wie er einmal feststellte. Shaw war Mitbegründer der Fabian Society, die einen gemäßigten Sozialismus propagierte.

1889 wurde er als Kritiker entdeckt und begann mit seiner literarischen Arbeit. Mittels Ironie und Satire entlarvte er die Moral der Gesellschaft und forderte einen vom gesunden Menschenverstand geprägten Bürger. 1925 ehrte man ihn für sein Werk mit dem Nobelpreis für Literatur.

Shaw starb am 2. November 1950 in Ayot St. Lawrence, Hertfordshire.

Am 13. Juni 1865 wurde in Sandymount bei Dublin **William Butler Yeats** geboren. Aufgewachsen unter der Obhut der Großeltern in der rauhen Landschaft Nordwestirlands und inmitten von Bauern und kleinen Grundbesitzern lebend, blieb er sein Leben lang dem irischen Volksglauben verbunden.

1902 erschien sein Drama „Cathleen Ní Houlihan", in dem die Schutzgöttin Irlands für die Befreiung des Landes kämpft. Der Einakter hatte Einfluss auf die Gründung des irischen Nationaltheaters (Abbey Theatre s. S. 27) in Dublin, das Yeats bis zu seinem Tod leitete. 1923 bekam der Dichter den Nobelpreis. Am 28. Januar 1939 starb er in einem Dorf bei Nizza.

Samuel Beckett, einer der Hauptvertreter des Absurden Theaters, wurde am 13. April 1906 in Dublin geboren und wuchs beschützt in einem bürgerlich-protestantischen Elternhaus auf. 1923 begann er am Trinity College mit dem Studium der Romanistik, 1928 siedelte er nach Paris über und arbeitete als Englischlehrer an der École Normale Supérieure. In der französischen Metropole lernte er James Joyce kennen, der ihn zum Schreiben ermutigte. Es entstanden erste Gedichte und Kurzgeschichten sowie zwei Essays über Joyce und Marcel Proust. Nach einem Aufenthalt in Deutschland ließ er sich 1937 endgültig in Paris nieder, lebte dort am Rande des Existenzminimums inklusive schwerer Depressionen und Alkoholexzesse, bis er schließlich die Pianistin Suzanne Dechevuax-Dumesnil kennenlernte.

1940 trat er der Résistance bei, musste sich aber alsbald auf der Flucht vor der Gestapo nach Südfrankreich zurückziehen. In Roussillon begann er mit der Arbeit an seinem Roman „Watt", den er 1946 in Paris beendete. Ende der 1940er-Jahre entstanden seine Hauptwerke (übrigens zuerst in französischer Sprache): die Romantrilogie „Molloy" sowie die Theaterstücke „Warten auf Godot" und „Endspiel" (Letzteres sah Beckett als sein bestes Werk an).

Mit „Warten auf Godot" ist der Dramatiker weltberühmt geworden und hat dem Absurden Theater zum Durchbruch verholfen. Dargestellt wird das taten- und sinnlose Warten zweier Menschen auf einen vermutlich gar nicht existierenden Godot. Beckett reduziert das Verhalten der Protagonisten auf Handlungsunfähigkeit und zeigt, wie Passivität zum Verfall führt.

1969 erhielt der große irische Dramatiker den Nobelpreis „für eine Dichtung, die in neuen Formen des Romans und des Dramas aus der Verlassenheit des modernen Menschen ihre künstlerische Überhöhung erreicht" (aus der offiziellen Begründung des Nobelpreiskomitees). Becket nahm an der Verleihung jedoch nicht teil und verschenkte das Preisgeld. Er starb am 22. Dezember 1989 in Paris.

Heutzutage als Kinderbuchautor missverstanden wird **Jonathan Swift,** der am 30. November 1667 ebenfalls in Dublin geboren wurde. Seine Mutter, eine fast mittellose Witwe, konnte den Sohn nur unter großen finanziellen Belastungen auf die Universität schicken, wo Swift Theologie studierte. Dort wurde ihm nur per Gnadenakt das Baccalaureat zuerkannt – der streitbare und eigensinnige Student hatte sich geweigert, scholastische Logik zu büffeln, die er für Unsinn hielt.

Zehn Jahre arbeitete Swift als Sekretär für den englischen Politiker Sir William Temple, kehrte dann nach Irland zurück und übernahm eine Stelle als Vikar von Laracor. Hier publizierte er nun seine ersten satirischen Schriften, in denen er aktuelle Konflikte und ihre Akteure ironisch attackierte.

Ab 1710 lehnte er sich politisch an die englischen Torys an und leitete die Zeitung „The Examiner". Drei Jahre später erhielt er das Amt des Dekans der St.-Patrick-Kathedrale in Dublin. Ab 1724 setzte er seine spitze Feder für das unterdrückte Irland ein und wurde deshalb vom irischen Volk hoch geachtet.

1726 erschien der vierte Teil von „Gullivers Reisen". Als Reisebericht verschlüsselt und im Stil kindlicher Naivität geschrieben, geißelt Swift die Niederträchtigkeit der Menschen. Alle vier Bände, die zwischen 1721 und 1726 publiziert wurden, erschienen zunächst anonym, da der Autor Repressalien befürchtete. Später überarbeiteten verschiedene Verlagslektoren den „Gulliver" und stellten die rein abenteuerliche Seite in den Vordergrund, das anklagende Werk avancierte zur beliebten Jugendlektüre. Swift starb am 19. Oktober 1745 in Dublin.

Von allen irischen Autoren hat wohl **Sean O'Casey** (eigentlich John Casey) das stärkste politische Engagement an den Tag gelegt und es dennoch verstanden, seine literarischen Ambitionen in einem künstlerischen Freiraum anzusiedeln.

O'Casey wurde 1880 als Kind protestantischer Eltern in Dublin geboren. Der Vater starb früh und die Mutter hielt die Familie über Wasser. Nach nur drei Jahren Schulbesuch verdiente Sean sein Geld als Hilfsarbeiter und bildete sich mit der Bibel, Shakespeares Werken und den Publikationen von Darwin und Shaw weiter.

Im Jahre 1903 schloss er sich der „Gälischen Liga" (Conradh na Gaeilge) an, die jedoch aufgrund ihrer bürgerlichen Einstellung nicht zu seiner politischen Heimat werden konnte. 1913 unterstützte O'Casey den Streik der irischen Transportgewerkschaft und avancierte zum ersten Sekretär der Irish Citizen Army. Am Osteraufstand von 1916 beteiligte er sich jedoch nicht, da O'Casey eine internationale, vom Proletariat getragene Lösung anstrebte. Daher schloss er sich bald der Sozialistischen Partei Irlands an.

1918 publizierte er die satirischen Lieder „Songs of the Wren", großen Erfolg hatte er 1923 mit seinem fünften Theaterstück „The Shadow of the Gunman". Im Stil der Tragikomödie geschrieben, brachten ihm „Juno and the Paycock" und „The Plough and the Stars" internationalen Ruhm. Beim letztgenannten Stück, in dem er seine Sicht des Osteraufstandes verarbeitete, kam es zu einem Theaterskandal, das Stück wurde aber schließlich erfolgreich im Dubliner Abbey Theatre (s. S. 27) aufgeführt. O'Caseys nächstes Stück „The Silver Tasssie" wurde vom Abbey Theatre abgelehnt. Das Werk wurde erfolgreich in London und New York gespielt. In England entstanden weitere agitatorische Stücke. O'Casey starb 1964 im Alter von 84 Jahren im Südwesten Englands.

37 Dublin City Gallery The Hugh Lane ★ ★ ★ [H4]

Die seit 1908 bestehende Galerie stellt die Arbeiten international renommierter Künstler aus und zeigt darüber hinaus eine Sammlung herausragender Gemälde, zumeist Werke französischer Impressionisten, die von dem Namensgeber der Galerie, Hugh Lane (1875–1915), zusammengetragen wurden.

Lane war von der ignoranten Kulturpolitik in Irland so angewidert, dass er einen Teil seiner Kollektion nicht etwa Irland stiftete, sondern der National Gallery in London. Erbschaftsstreitigkeiten führten zu langen gerichtlichen Auseinandersetzungen darüber, wem der Rest der Sammlung zukommen sollte. Heute teilen sich die Gallery in London und die Hugh Lane Gallery einen Großteil der Gemälde, die abwechselnd in London und Dublin ausgestellt werden.

Hugh Lane kam 1915 beim **Untergang der Lusitania** vor der irischen Südküste ums Leben. Der Luxusliner war von einem deutschen U-Boot torpediert worden – 1198 Menschen ertranken, darunter viele Amerikaner. Unter anderem war es dieser Angriff, der die Vereinigten Staaten von Amerika dazu veranlasste, in den Ersten Weltkrieg einzutreten.

Eine weitere Attraktion der Galerie ist die **Francis Bacon Exhibition** mit dem originalgetreuen Nachbau des Londoner Ateliers des irischen Malers. Francis Bacon (1909–1992) wurde zwar in Dublin geboren, verließ aber schon in jungen Jahren mit seinen Eltern Irland. 2006 wurde ein neuer Flügel der Galerie eröffnet, zu dessen herausragenden Bildern mehrere Gemälde des irischstämmigen, aber in New York lebenden Künstlers Sean Scully zählen.

Die Hugh Lane Gallery hat seit 1933 ihren Sitz im eleganten **Charlemont House**, das 1763 von dem bekannten schottischen Architekten William Chambers als Palais für den Earl of Charlemont erbaut wurde.

❯ 22 Parnell Square North, Tel. 01 2225550, www.hughlane.ie, Di.–Do. 10–18 Uhr, Fr., Sa. 10–17 Uhr, So. 11–17 Uhr, Eintritt frei

38 James Joyce Centre ★ ★ [I4]

Das Joyce-Kulturzentrum ist in genau dem richtigen Haus untergebracht, denn hier hatte der **exzentrische Denis Maginni**, der von Joyce in seinem „Ulysses" unsterblich gemacht wurde, seine Tanzschule. Nach dem Tod Maginnis verfiel das Gebäude, bis sich 1982 der Joyce-Forscher und Senator David Norris der Sache annahm und das Kulturinstitut ins Leben rief.

In dem wunderschönen georgianischen Haus erinnern einige Memorabilien an James Joyce, doch ist die Hauptaufgabe des Centre die Auseinandersetzung mit dem Werk des Meisters. Dazu werden das ganze Jahr über Seminare, Tagungen, Filme, Lesungen und viele weitere informative Ereignisse veranstaltet. Auch die **Organisation des Bloomsday** wird im Joyce-Zentrum koordiniert (siehe „Bloomsday", S. 47). Für den Dublinbesucher sind vor allem die **geführten Touren** auf den Spuren von James Joyce von Interesse.

❯ 35 North Great George's Street, Tel. 01 8788547, www.jamesjoyce.ie, Di.–Sa. 10–17 Uhr, So. 12–17 Uhr, Eintritt 5 € (erm. 4 €)

❯ **Führungen:** „A Joyce Circular", „Dubliners", „In the Footsteps of Leopold Bloom", jeweils 10 € (erm. 8 €)

042du Abb.: hg

Smithfield und Phoenix Park

Schon seit rund einem Jahrzehnt haben die Stadtplaner Großes mit Smithfield vor, doch bisher haben sie es nur geschafft, den alten Vieh- und Pferdemarkt, Smithfield Market, zu sanieren.

Die alten Pflastersteine des Smithfield Market [F6] wurden entfernt, gereinigt und neu verlegt, was dem innerstädtischen Areal die Atmosphäre und den Charakter erhalten hat. Auch die Autos sind verbannt worden und nach Einbruch der Dunkelheit sorgen vor einem neuen Wohn- und Geschäftskomplex **riesige Gasfackeln,** die fauchend ihre Flammen in den dunklen Himmel speien, für eine ganz besondere Art von Helligkeit auf dem Areal. Im Osten wird der Platz von der ehemaligen Jameson-Destillerie ➌➒ begrenzt, gegenüber auf der anderen Seite gedenkt man der ehemaligen Markttradition mit einem Obst- und Gemüsehandel.

Allerdings sind auch hier die Auswirkungen der Wirtschaftskrise sichtbar. Ein Teil der Bauarbeiten ist immer noch nicht abgeschlossen und viele der schicken neuen Wohnungen und Läden stehen leer.

➌➒ Old Jameson Distillery mit Smithfield Chimney ★★★ [F6]

In den ehemaligen Produktionshallen der Jameson-Destillerie, die von 1780 bis 1971 hier ihre Destillate brannte, ist heute ein **Museum zum Herstellungsprozess des Whiskeys** untergebracht und der Besucher erfährt alles über das gälische *uisce beatha,* das „Wasser des Lebens". Ein kurzer Film führt in die Materie ein, dann wird man auf geführten Touren mit den Feinheiten des hochprozentigen Getränks vertraut gemacht.

Zum Abschluss gibt es in der **Jameson-Bar** einen Probeschluck. Wer möchte, der kann sich hier auch durch die Whiskeys dieser Welt trinken und die Unterschiede schmecken. Der Besuch endet im Museumsshop, in dem man eine ganze Reihe von irischen Whiskeys kaufen kann.

❯ Bow Street, www.jamesonwhiskey.com, Mo.–Sa. 9–18 Uhr, So. 10–18 Uhr, Führungen alle 20 Min, Dauer 1 Std., letzte Tour 17.15 Uhr, 13 € (unter 18 Jahren 7,70 €), Luas Red Line bis Smithfield, Bus Nr. 67, 67A, 68, 69, 79 und 103 vom Stadtzentrum

Im Zuge der Stadterneuerung des Viertels wurde ein alter, 1895 errichteter Kamin der Jameson-Destillerie nicht abgerissen, sondern zu einem Aussichtsturm umgebaut. Der 52 m hohe Schornstein bekam eine 15 m messende **gläserne Kuppel aufgesetzt.**

Wie so oft verpassen die Dubliner jeder etwas ungewöhnlichen Sehenswürdigkeit sofort einen Spitznamen und für den Smithfield Chimney haben sie sich „The Flue with the View" („Der Rauchfang mit der Aussicht") ausgedacht. Bis vor kurzem konnte man von dort einen Blick über die Stadt genießen. Zurzeit ist der Turm allerdings wegen Baufälligkeit geschlossen. Das Areal wurde mittlerweile von einer Hostel-Kette aufgekauft, die dort nicht nur ein neues Hostel eingerichtet hat, sondern auch plant, den Aussichtsturm in Zukunft zu sanieren und neu zu eröffnen.

❯ Smithfield Village, Luas Red Line bis „Smithfield", Bus Nr. 67, 67A, 68, 69, 79 und 103 vom Stadtzentrum

🔟 Four Courts ★★   [G6]

Irlands oberster Gerichtshof zieht sich in einem eindrucksvollen, kuppelüberwölbten und säulengeschmückten Gebäude über 100 m am nördlichen Liffey-Ufer entlang.

1786 ließ der Architekt James Gandon – nachdem er die Planungen seines Vorgängers Thomas Cooley in seinen Entwurf integriert hatte – mit dem Bau beginnen, der dann 16 Jahre später seiner Bestimmung übergeben werden konnte. **Vier große geschlossene Innenhöfe umrahmen das Zentrum** und beherbergen die Büros für die Mitarbeiter des Straf-, Zivil- und Finanzrechts sowie den Gerichtshof des Lordkanzlers. Selbst-

verständlich sind die Verhandlungen öffentlich und man kann Teile des Gebäudes – nicht alle Bereiche sind für die Öffentlichkeit zugänglich – in Augenschein nehmen.

Während des Bürgerkriegs 1922 bezogen englandfreundliche Truppen Quartier in den Four Courts. Freistaatssoldaten unter der Führung von Michael Collins gingen daraufhin an der anderen Flussseite des Liffey in Stellung und beschossen die Gegner. Bevor diese ihr Heil in der Flucht suchten, legten sie Feuer, sodass viele wichtige Dokumente und Gerichtsakten ein Raub der Flammen wurden. Erst zehn Jahre nach diesen gewaltsamen Ereignissen wurde das arg in Mitleidenschaft gezogene Gebäude restauriert.

❯ Inns Quay, Tel. 01 8886000, Mo.–Fr. 10–16.30 Uhr, Eintritt frei, Luas Red Line bis „Four Courts", Bus Nr. 25, 25A, 66, 67, 90, 134 vom Stadtzentrum

🔟 St. Michan's Church ★★ [G6]

Das Gotteshaus wurde Ende des 11. Jh. von den Dänen gegründet, im Lauf der Jahrhunderte aber **mehrfach umgebaut und modifiziert**, sodass von der alten Bausubstanz nichts mehr übrig geblieben ist. Der Name erinnert an einen heiliggesprochenen Bischof der dänischen Erbauer.

Im Kircheninnern ist zunächst einmal die fast **300 Jahre alte Orgel** von Interesse, auf der Händel erstmals öffentlich seinen „Messias" gespielt hat. Auch das alte Keyboard kann noch besichtigt werden. Neben dem Altar befindet sich ein Totenschädel,

◀ *Smithfield Market [F6] – aus den hohen Säulen vor den Häusern lodern nachts Gasflammen*

Wie kommt der Geschmack in den Whiskey?

Dem Freund und Kenner des guten irischen Whiskeys muss man natürlich nicht mehr erklären, wie sein Lieblingsgetränk entsteht und welche Ingredienzen es enthält. Der Besucher jedoch, der in einem irischen Pub zum ersten Mal mit einem Malt Whiskey Bekanntschaft macht und sicherlich alsbald ebenfalls ein Anhänger des hochprozentigen Destillats ist, möchte aber eventuell wissen, was es mit diesem „Lebenswasser" auf sich hat. Seine letzten Geheimnisse gibt das köstliche Getränk jedoch niemals preis.

Trotz aufwendiger Forschungsprojekte und modernster Analyseverfahren wissen die Wissenschaftler bis heute nicht, wie der gute irische Malt Whiskey seine geschmackliche Reife erhält. Dass überhaupt mit Feuereifer an den rund 800 unterschiedlichen Substanzen herumanalysiert wird, hat einen simplen Grund: **Echte Malt Whiskeys** *- wie etwa ein Macallan, ein Bushmill oder der bei ungeübten Trinkern gefürchtete (allerdings schottische) Bruichladdach -* **benötigen lange Reifezeiten.** *Diese zu verkürzen, ist das Ziel der Brennereiforscher. Denn noch heute muss das hochprozentige Getränk nach altüberlieferten Prozeduren hergestellt werden - und das mit Recht, wie die Whiskey-Analytiker herausfanden.*

Form, Material sowie Aufbau der „Pot Still" (Brennblase) spielen eine wichtige Rolle bei der Kondensierung von Aromastoffen und dienen zum Abbau giftiger Verbindungen wie etwa dem Dimethylsulfid, das in größeren Dosierungen zu Bewusstlosigkeit und Tod führen kann. So mancher Anhänger des **illegal gebrannten „Poitín"** *(gesprochen: potschien),*

wie die Iren ihr selbst hergestelltes Destillat nennen, ist nur um Haaresbreite dem Tod entronnen. Wie die irische Polizeichronik zu berichten weiß, traf es sogar einmal einen ganzen Trupp von Ordnungshütern, die eine illegale Destille aushoben. Laut polizeilicher Dienstanweisung Nr. 1667 ist nämlich das Produkt einer Schwarzbrennerei auf seinen Zustand hin zu kosten - eine behördliche Order, die von den Beamten stets gewissenhaft und in der Regel übereifrig befolgt wird.

Wohl nirgendwo sonst auf der Welt wird **in privaten Brennereien** *derart viel Whiskey hergestellt wie in Irland (und im schottischen Hochland). Einfache, aber sehr wirksame Testmethoden zur Qualitätserkennung sind noch heute gang und gäbe: So streuen die Destillateure Schießpulver in die gebrannte Flüssigkeit und halten dann ein Streichholz daran - gibt es eine Explosion, ist der Fusel giftig!*

Der echte Ire hält ohnedies nichts von legal und industriell hergestelltem Sprit. Zu schlecht, so wird behauptet, sei die Qualität - und so wird wie eh und je munter **weiter schwarzgebrannt,** *niemand kümmert sich um das gesetzliche Verbot aus dem Jahr 1760. Schließlich ist guter Whiskey ja* **auch eine Medizin,** *die - wie eine Chronik aus dem 17. Jh. zu berichten weiß - Ausschlag, Phlegma und Melancholie heilt, den Alterungsprozess aufhält und Fleischwürmer tötet.*

Irische Richter, die Schwarzbrenner abzuurteilen haben, zeigen sich **häufig verständnisvoll und damit mildtätig.** *So rief vor kurzem Mr. Justice O'Shea nach einem kräftigen Schluck vom Eigengebräu eines Schwarzbrenners begeistert aus: „God-*

dam, right you are!" Obwohl der Fuseldestillateur zum wiederholten Mal vor Gericht stand, erhielt er nur eine Geldstrafe von elf Pfund, da der Richter sich davon überzeugen konnte, dass dieses „Poitín" wesentlich besser war als der legal hergestellte Whiskey.

Echter Malt Whiskey wird nur aus gemälzter, über dem Torffeuer getrockneter Gerste hergestellt und in der „Pot Still" gebrannt. **Billiger Fusel** dagegen, der den Namen „Whiskey" nicht verdient, hat als Grundstoff eine Maische (zumeist aus Mais) und wird in Kolonnen-Destilliergeräten („Patent Stills") zu Alkohol umgewandelt. Dieses geschmacklose Zeug verschneidet man dann mit einem Drittel Malt und bringt es mit großem Werbeaufwand in die Regale der Läden. Johnny Walker und Ballantines, Spitzenreiter in Deutschland, sind solche Mischprodukte. Vor allem die Anbieter dieses Billig-Whiskeys sind daran interessiert, die bis zu 15 Jahre dauernde Reifezeit in Holzfässern (2 % Verdunstungsquote pro Jahr) chemisch abzukürzen. St. Patrick sei Dank -noch gelingt das nicht.

Ihr Hauptaugenmerk richten die Chemiker mittlerweile auf einen **Stoff namens Lignin,** der beim Wachstumsprozess von Bäumen die Zellmembranen ausfüllt und zu Holz werden lässt. Allerdings widersetzt sich das kompliziert aufgebaute Molekül der wissenschaftlichen Analyse. Sehr wahrscheinlich, so der derzeitige Stand der Forschung, löst Lignin bei der Lagerung des Whiskeys eine Vielzahl von chemischen Reaktionen aus, die zur Bildung von Coniferylalkohol und Vanillinsäure führen - diese Substanzen wiederum sorgen für die Aromabildung des Destillats. Dass die Spritforscher auf dem richtigen Weg sind, zeigt die Tatsache, dass in Holzfässern, die kein Lignin mehr enthalten, kein Reifungsprozess mehr stattfindet. Trotz jahrelanger Lagerung kommt aus solchen Fässern ein Rachenputzer, der wohl so ähnlich schmeckt wie der Whiskey im frühchristlichen 6. Jh.

Damals waren es die **missionierenden irischen Mönche,** die den Fusel und das Wissen um seine Herstellung verbreiteten - und dem Hochprozentigen tatkräftig zusprachen. Alsbald sah sich der irische Abt Columban gezwungen, Strafmaßnahmen zu verkünden: Ein Priester, der aufgrund von zu viel Whiskey seine Gebete nur noch lallen konnte, musste zwölf Tage bei Wasser und Brot zubringen. 40 Tage Buße dagegen bestimmte die Lex Columbanis für „einen Bischof, der so besoffen ist, dass er bei der Messe die Hostie ausgewürgt." Solche Härten hielten die gläubigen Männer jedoch nicht davon ab, dem „Uisce Beathad" (gälisch: Wasser des Lebens) weiterhin exzessiv zuzusprechen. So waren viele Kirchenbrüder von morgens bis abends sturzbetrunken und trugen eine Fahne vor sich her.

Langes Experimentieren führte schließlich zu dem heutigen aromatischen Malt Whiskey und letztendlich wusste man damals und weiß man heute noch immer nicht, wie das köstliche Destillat reift. Schon im 16. Jh. schrieb ein sachkundiger Whiskey-Freund prophezeiend: „Wuski muss man zum Holze geben, nur dorten er seine Seele erhält. Auf welche Weise sich aber dies Wunder vollzieht, ich sage es Euch, der Mensch vermag es niemals zu deuten."

von dem es heißt, dass er der des Lord Protectors Oliver Cromwell sein soll. Nahebei befindet sich eine Art **Prangerstuhl**, auf dem sündige Leute öffentlich Buße zu tun hatten.

Die große Attraktion der Kirche befindet sich jedoch in der Krypta. Hier liegen **mehrere, rund 800 Jahre alte Leichname** – darunter auch ein normannischer Kreuzritter –, die von der stets gleichbleibenden trockenen Luft und den nur geringen Temperaturschwankungen bis zum heutigen Tag perfekt konserviert wurden.

❯ Church Street, Tel. 01 8724154, www.stmichans.com, Mitte März–Okt. Mo.–Fr. 10–12.45 Uhr u. 14–16.45 Uhr, Sa. 10–12.45 Uhr, Nov.–Mitte März Mo.–Fr. 12.30–15.30 Uhr, Sa. 10–12.45 Uhr, Eintritt 4 € (Kinder 3 €), Luas Red Line bis „Four Courts", Bus 134 vom Stadtzentrum

㊷ Collins Barracks – Museum of Decorative Arts & History ★★★ [E6]

Die einstigen Kasernen der ehemaligen englischen Besatzungsmacht zählen zu den ältesten Armeeunterkünften in ganz Europa und wurden 1701 für eine stärkere Garnison erbaut. Die Pläne gehen auf Thomas Burgh zurück, der auch für die Old Library des Trinity College und den Umbau der St. Michan's Church verantwortlich zeichnete.

Den zentralen Exerzierplatz umrahmen sorgfältig renovierte Gebäude mit Kolonnaden und Arkadengängen. So bieten die ehemaligen Kasernen **hervorragende Ausstellungsräume** für die Sammlungen des **Museums der dekorativen Künste** (Museum of Decorative Arts & History), das hier als eine Dependance des National Museum untergebracht ist.

Gezeigt werden in dem Haus Kleidung und Mode, Mobiliar, Waffen, Artefakte zum Alltagsleben, Silber-, Keramik- und Glasartikel aus allen Jahrhunderten. Die Exponate offenbaren einen **guten Einblick in die gesellschaftliche, militärische und wirtschaftliche Geschichte Irlands**, sind ansprechend präsentiert und werden mittels interaktiver Multimediahilfe dem Besucher nahegebracht.

In der „Curator's Choice Exhibition" sind die Highlights der Kollektionen für den interessierten Besucher zusammengefasst. Hier kann man auch dabei zusehen, wie einzelne Stücke von den Experten aufgearbeitet und restauriert werden.

Von den Collins Barracks ist der Phoenix Park ㊸ nur einen kurzen Fußweg entfernt.

❯ Benburb Street, Tel. 01 6777444, www.museum.ie, Di.–Sa. 10–17 Uhr, So. 14–17 Uhr, Eintritt frei, Luas Red Line bis „Museum", Bus 25, 25A, 66, 67, 90 vom Stadtzentrum

㊸ Phoenix Park ★★ [B5]

Mit einer Fläche von 709 km² ist der Phoenix Park eines der weltweit größten innerstädtischen Landschaftsareale und an sommerlich-schönen Tagen das beliebteste Naherholungsgebiet der Dubliner Bevölkerung.

Sein Name hat nichts mit dem Vogel zu tun, der aus der Asche steigt, sondern ist eine sprachliche Verballhornung des gälischen *Fionn Uisce*, was so viel wie „klares Wasser" bedeutet. Im 17. Jahrhundert diente das Gelände als **königliches Jagdgebiet** und zu diesem Zweck siedelte der Earl of Ormond hier eine große Damwildherde an, deren Nachfahren heute noch immer äsend den Park durchstreifen.

Rund 100 Jahre später machte der englische Vizekönig Lord Chesterfield den Park für die Öffentlichkeit zugänglich. Wiederum ein Jahrhundert später, 1882, wurden hier Lord Cavendish, der britische Minister für irische Angelegenheiten, und sein Stellvertreter von einer irischen Untergrundgruppe ermordet.

Gleich hinter dem Park-Gate-Eingang erstreckt sich der **People's Garden**, ein formaler Garten mit in allen Jahreszeiten blühenden Blumen. Hier findet sich auch „The Hollow", ein Pavillon, auf dem Livemusik und Bühnenstücke aufgeführt werden. Dahinter beginnt am Parkrand das Gelände des **Dubliner Zoos**, der 1830 – zwei Jahre nach Eröffnung der Londoner Menagerie – angelegt wurde und damit der zweitälteste Zoo der Welt ist.

Gegenüber vom People's Garden ragt das **Wellington Monument** in den Himmel, ein über 60 m hoher Obelisk, der an den Sieger über Napoleon bei Waterloo erinnern soll. Wellington, in Irland geboren und in England zu Ruhm gekommen, verachtete seine irischen Wurzeln mit dem Satz: „Wer in einem Stall geboren wurde, muss noch lange kein Pferd sein."

Nahebei auf dem Thomas Hill sitzt das **Magazine Fort**, das 1801 fertiggestellt wurde und den Engländern einst als Munitionsdepot diente. In der Mitte des Parks, nicht weit vom Phoenix Monument entfernt, erinnert das **Papstkreuz** daran, das 1979 Johannes Paul II. an dieser Stelle vor einem Viertel der irischen Gesamtbevölkerung eine Messe gelesen hat. Nahebei ragt die Residenz des US-amerikanischen Botschafters auf.

Im Phoenix Park Visitor Centre bekommt man die Eintrittskarten für „**Aras an Uachtarain", den offiziellen Wohnsitz der irischen Präsidentin.** Die im palladianischen Stil gehaltene Villa wurde 1751 erbaut, von 1782 bis 1922 hielt hier der englische Vizekönig Hof.

Im Besucherzentrum kann man auch die Tickets für **Ashtown Castle** erstehen, ein aus dem 17. Jahrhundert datierendes bewehrtes Turmhaus, das erst 1986 wiederentdeckt wurde, weil es in das Gebäude des päpstlichen Nuntius integriert war. Erst als der Sitz des vatikanischen Gesandten abgerissen wurde, kamen die alten Mauern wieder zum Vorschein.

045du Abb.: hg

► *Monumental: das Wellington-Denkmal im Phoenix Park*

Nationalsportarten: Hurling und Gaelic Football

Wenngleich der Fußball auf dem Vormarsch ist, so stehen die Iren doch in erster Linie zu zwei ganz eigenen Sportarten: dem Hurling und dem Gaelic Football.

*Das **Hurling-Spiel** reicht bis in die mystische Vergangenheit der Kelten zurück. Schon der große Held Cú Chulainn soll es nicht nur gespielt, sondern in jungen Jahren auch als Kampftechnik angewandt haben. Und in dem Liebesepos „Gráinne und Diarmuid" wird erzählt, dass Gráinne den magischen Liebesfleck an Darmuid sah, während dieser Hurling spielte - da war es um ihre Gefühle geschehen.*

*Im Jahre 1884 wurde die **Gaelic Athletic Association (GAA)** mit dem Ziel gegründet, die alten irischen Sportarten vor dem Vergessen zu retten, um damit natürlich auch die **kulturelle Eigenständigkeit** gegenüber den englischen Besatzern zu demonstrieren. Kein Geringerer als Charles Stewart Parnell (s. Exkurs „Charles Stewart Parnell") übernahm die Schirmherrschaft über den Verband - ein Zeichen dafür, welch ein Politikum die GAA darstellte. Worum also geht es beim Hurling?*

*Hurling ist **ein dem Rasenhockey verwandtes Mannschaftsspiel** und soll angeblich der schnellste Ballsport überhaupt sein. Zwei Mannschaften mit jeweils 15 Spielern stehen sich gegenüber und versuchen, einen Ball (innen ein Korkkern, außen mit Leder überzogen, 4 cm Durchmesser) ins nicht bewachte gegnerische Tor zu treiben. Wichtigstes Hilfsmittel ist eine Art Hockeyschläger („camán" auf irisch, englisch „hurley"), der 1 m lang ist und am unteren Ende eine abgerundete Vertiefung für den Ball hat.*

Mit dem Hurley, aber auch mit der Hand oder dem Fuß versuchen die Spieler nun, durch die Korkkugel Tore und damit Punkte zu erzielen. Ein Tor

044du Abb.: hg

besteht aus zwei ca. 6 m hohen und 7 m auseinanderstehenden Pfosten, die in einer Höhe von 2,4 m eine Querlatte aufweisen. Fliegt der Ball über dieser Querlatte durch das Tor, so gibt es einen Punkt, bringt die Mannschaft aber die Korkkugel unter der Latte durchs Ziel, so hat sie drei Punkte auf ihrem Konto. Das **verletzungsintensive Spiel** hat zwei Halbzeiten zu jeweils 35 Minuten.

Auch Frauen sind dem Hurling zugetan, das – schwingen die Damen den Schläger – „Camogie" heißt, nach den gleichen Regeln gespielt wird, aber nur 25 Minuten pro Halbzeit dauert.

Auch beim **Gälischen Fußball (Gaelic Football),** einer **irischen Variante des englischen Rugby,** stehen sich jeweils 15 Akteure auf einem Hurling-Spielfeld gegenüber und versuchen mit Händen und Füßen, den Ball ins gegnerische, nun allerdings bewachte Tor zu bringen. Die Punkte erzielt man auf die gleiche Weise wie beim Hurling.

Es ist verboten, den Ball mit den Händen vom Boden aufzunehmen, auch darf man ihn nicht länger als vier Schritte in den Händen halten, dann muss der Spieler ihn werfen, weiterkicken oder aber die Technik des „Toe-to-Hand" anwenden. Dabei wird der Ball – während des Laufes und unter den Attacken der Gegner – auf die eigene Fußspitze geworfen und von dort in die Hände zurückgekickt. Das komplizierte Regelwerk hat man erst 1989 vereinheitlicht.

Jedes Jahr im September finden die Hurling- und die Gaelic-Football-Endausscheidungen im Croke-Park-Stadion von Dublin statt. Die Karten dafür sind freilich schon Monate vorher ausverkauft.

Im südlichen Teil des Parks finden sich viele **Sportfelder** für Polo, Fußball, Hurling (s. Exkurs „Nationalsportarten: Hurling und Gaelic Football"), Gaelic Football und Kricket. Im Nordwesten befindet sich das Bürogebäude des Ordnance Survey, der irischen Vermessungsinstitution, die auch Wanderkarten und Autoatlanten herausgibt.

❯ **Phoenix Park Visitor Centre und Ashtown Castle**, Tel. 01 6770095, www.phoenix park.ie, Eintritt frei, April–Dez. tgl. 9.30–17 Uhr, Jan.–März. Mi.–So. 9.30–17.30 Uhr, So. 11–12 Uhr kostenlose Workshops für Kinder von 6 bis 12 Jahren.

❯ **Dublin Zoo**, Tel. 01 4748900, www.dublinzoo.ie, März–Sept. Mo.–Sa. 9.30–18 Uhr, So. 10.30–18 Uhr, Okt.–Feb. Mo.–Sa. 9.30 bis Sonnenuntergang, So. 10.30 bis Sonnenuntergang, Eintritt 14,50 €

❯ **Áras an Uachtaráin** (Sitz des irischen Präsidenten), Tel. 01 6770095, Führungen Sa. 10.30–15.30 Uhr, Treffpunkt Phoenix Park Visitor Centre (Tickets Sa. gratis dort erhältlich)

❯ **Bus Nr. 10** von O'Connell Street, Nr. 25, 26 von Middle Abbey Street

KLEINE PAUSE

Trinken mit dem Präsidenten

Vor oder nach dem Parkbesuch sollte man einen Besuch in dem schönen viktorianischen Pub **Ryan's of Parkgate Street** in 28 Parkgate Street nahe beim Parkeingang nicht auslassen. Die an Atmosphäre reiche Kneipe bietet alte Bleiglasfenster und eine lange Mahogonibar, an den Wänden hängen antike Spiegel. Es gibt gutes Bar Food und im ersten Stock ein kleines Restaurant. Wenn der irische Präsident, der ja seine Residenz im Phoenix Park hat, noch auf ein Pint Guinness Durst hat, dann kommt er hierher.

041du Abb.: tl

Ausflüge in die Umgebung

Fünf Ausflüge in die nähere Umgebung, die schon fast mit dem äußeren Stadtgebiet von Dublin zusammengewachsen sind, werden in diesem Kapitel dem Besucher empfohlen. Zwei davon führen nach Norden auf die Halbinsel Howth und ins beschauliche Städtchen Malahide mit seiner alten Burg. Drei Touren gehen in den Süden: ins Seebad Dalkey, das mit dem James Joyce Tower punkten kann, und in die Wicklow Mountains, den Garten Irlands, zu einem prachtvollen Herrensitz und den eindrucksvollen Resten einer frühchristlichen Klosteranlage.

Im Hafen des Fischerörtchens Howth

44 **Howth** ★★ [S. 140]

Das kleine Städtchen ist der Hauptort auf der gleichnamigen Halbinsel, die sich etwa 10 km nordöstlich vom Zentrum erstreckt. Der Hafen, von dem aus einst während der „Großen Hungersnot" die „Schwimmenden Särge" mit auswanderungswilligen Iren nach Amerika, Kanada oder Australien ausliefen, dient heute noch als wichtiger Landeplatz für die Fischer und in der großen Marina liegen die Jachten der Hobbykapitäne vor Anker.

Westlich vom Ortszentrum erstrecken sich die ausgedehnten Ländereien von **Howth Castle**, dessen Ursprünge auf das Jahr 1564 zurückgehen und das in den folgenden Jahrhunderten so oft umgebaut wurde, dass seine ursprüngliche Form völlig verändert wurde. Heute ist es in vier Wohnkomplexe unterteilt und nicht zu besichtigen.

Für Gartenfreunde allerdings lohnt sich ein Besuch des ausgedehnten **Landschaftsparks**, in dem sich noch die Ruinen von Corr Castle aus dem 16. Jh. befinden sowie ein **Dolmen**, ein neolithisches Grab mit zwei senkrecht aufragenden Monolithen und einem darauf liegendem Tafelstein. In den Burggärten steht auch die **Ruine von St. Mary's Abbey**, die 1042 von dem Wikingerkönig Sitric geweiht worden sein soll.

Von Interesse für den Besucher des Parks könnte auch das **National Transport Museum** sein, das eine Vielzahl von alten öffentlichen Verkehrsmitteln zeigt.

❯ **Howth Castle Gardens** und **St. Mary's Abbey,** immer zugänglich
❯ **National Transport Museum,** www. nationaltransportmuseum.org, Sa./So./ an Feiertagen 14–17 Uhr, Eintritt 3 € (erm. 1,25 €)

Gastronomie

Rund um den Hafen von Howth locken die Abbey Tavern, die aus dem 16. Jh. datiert und gute *Bar Meals* in ihrem Angebot hat, das alteingesessene, hervorragende Fischrestaurant King Sitric sowie das Aqua Restaurant, das sich ebenfalls auf fangfrische Meeresfrüchte spezialisiert hat.

❯ **Abbey Tavern,** Abbey Street, Tel. 01 8390307
❯ **Aqua Restaurant,** West Pier, Tel. 01 8320690
❯ **King Sitric,** East Pier, Tel. 01 8325235

Anreise

❯ **Dart-Bahn** von Conolly oder Pearse Station bis Howth Station
❯ **Busse** Nr. 31, 31A, 31B von Lower Abbey Street

45 **Malahide Castle** ★★ **[S. 140]**

13 km nördlich von Dublin liegt das kleine, nett anzuschauende Städtchen Malahide, an dem der nagende Zahn der Zeit in den letzten Jahrhunderten scheinbar spurlos vorbeigegangen ist.

Lediglich rund um die Marina mit ihren vielen Jachten bemerkt man die modernen Zeiten, auf der Promenade flanieren die Besucher und werden von vielen Lokalen, Läden und Pubs angelockt. Das beste Restaurant des Örtchens ist zweifellos das Bon Appetit, das eine exzellente französisch inspirierte Küche bietet und leckere Fisch-, Fleisch und auch vegetarische Gerichte im Angebot hat (9 St. James Terrace, Tel. 01 8450314).

Die größte Attraktion ist Malahide Castle, das inmitten eines ca. 100 ha großen Parks liegt. Das hochherrschaftliche Anwesen war von 1185 bis 1975 im Besitz der Talbot-Familie – eine Seltenheit in einem Land mit einer horrenden Erbschaftssteuer. Heute gehört es dem Dublin County Council. Auf dem Besichtigungsrundgang durchquert man eine ganze Reihe von Räumen mit altem Mobiliar aus unterschiedlichen Epochen.

Besondere Aufmerksamkeit verdienen der **Eichensaal** *(Oak Room)* aus dem 16. Jh. mit seinen kunstvollen Schnitzereien und die **mittelalterliche große Halle** *(Great Hall).* Hier hängen die Portraits der einstigen Besitzer, von einer Galerie aus wurden die Gäste früher musikalisch beschallt und eine komplette Wand wird von dem kolossalen Gemälde der Schlacht am Fluss Boyne eingenommen, der fast die gesamten männlichen Nachkommen der damaligen Talbot-Familie zum Opfer fielen. Bei den Kämpfen 1690 besiegte der englisch-protestantische König Wilhelm von Oranien die katholischen Iren.

Ebenfalls im Schloss ist die **Fry Model Railway** untergebracht. Auf rund 250 m² ist das irische öffentliche Verkehrssystem mit Modelleisenbahnen, kleinen Bussen und sogar dem Fährverkehr mit Miniaturschiffen nachgestellt. Der **Landschaftspark** rund um Malahide Castle eignet sich gut für ein ausgedehntes Picknick.

Für Besucher, die die Skyline von Dublin einmal von der Seeseite aus bestaunen möchten, gibt es von der Marina sogenannte „**Sea Safaris**", die bis nach Dalkey **46** im Süden der Metropole führen.

> **Malahide Castle,** www.malahidecastle. com, seit Oktober 2011 **wegen Renovierung geschlossen,** Infos zur Wiedereröffnung 2012 unter 01 8905000 oder info@finalcoco.ie, Eintritt 7,50 €
> **Sea Safaris von der Marina,** Tel. 01 6689802, www.seasafari.ie

Anreise

> **Bus** Nr. 42 von Lower Abbey Street
> **Dart-Bahn** von Conolly Station bis Malahide

46 Dalkey und Sandycove ★★ **[S. 140]**

Wer James Joyces „Ulysses" während des Dublinaufenthalts gelesen hat, wird sich sicher auf nach Sandycove machen, um dem Meister seine Reverenz zu erweisen.

Dalkey, 10 km südlich von Dublin gelegen, ist ein **eleganter Vorort,** in dem die begüterten Angestellten der Metropole ihre Häuser und Villen haben. In mittelalterlichen Zeiten war Dalkey einmal der wichtigste Handelshafen der „Grünen Insel" und so schützten gleich acht Burgen diesen wichtigen Umschlagplatz. Übrig geblieben sind davon **Archibold's Castle** und **Goat Castle,** die sich beide gegenüberliegen. In der letztge-

04 7du Abb.: ti

nannten Festung befindet sich das **Dalkey Castle & Heritage Centre**, das mit einer umfassenden Ausstellung über die Geschichte des Örtchens informiert.

> **Dalkey Castle & Heritage Centre**, Dalkey, Castle Street, Tel. 01 2858366, www.dalkeycastle.com, Mai–Aug. Mo., Mi.–Fr. 10–18 Uhr, Sa./So. 11–18 Uhr, Sept.–April Mo., Mi.–Fr. 10–17 Uhr, Sa./So. 11–17 Uhr, 7 € (Kinder 5 €), Teilnehmerzahl der Touren begrenzt!

Knapp einen Kilometer nördlich von Dalkey liegt das Dörfchen **Sandycove** mit seinem feinsandigen Strand. Nicht nur deswegen kommen die Besucher, sondern vor allem wegen des **James Joyce Museums**, das in einem sogenannter „Martello Tower" untergebracht ist. Mit solchen Wachtürmen sicherten die Engländer Irlands Küsten vor einer gefürchteten napoleonischen Invasion (die allerdings nie kam). Die erste Szene in Joyces Roman „Ulysses" spielt in diesem Turm. 1962 eröffnete Sylvia Beach, die Besitzerin der Pariser Buchhandlung Shakespeare & Co. und Verlegerin des „Ulysses", dieses kleine Museum. Viele Briefe, Fotografien, Dokumente und verschiedene Ausgaben des Romans sowie zwei Totenmasken des großen Romanciers sind zu besichtigen.

> **James Joyce Tower & Museum**, Sandycove, Tel. 01 2809265, www.dun-laoghaire.com/profile/joyce_tower, April–Aug. Di.–Sa. 10–13 u. 14–17 Uhr, So. 14–18 Uhr, Sept.–März nach Vereinbarung, Eintritt 6 € (Kinder 4 €)

Unterhalb des Martello-Turmes befindet sich ein natürliches Becken, das von der Meeresbrandung aus dem Felsen gewaschen wurde. Dies ist der **Forty Foot Pool**, der seinen Namen dem einstigen, hier stationierten Fortieth Foot Regiment verdankt, das bis 1904 noch immer nachnapoleonische Invasionen vereiteln sollte. Im ersten Kapitel des „Ulysses" macht sich Buck Mulligan auf zu diesem Pool, um in die Fluten zu springen und die Nachtschwere abzustreifen.

Schon bevor James Joyce hierher kam, war es eine alte lokale Tradition, das sich jeden Morgen sommers wie winters eine Gruppe von Herren hier versammelte und gemeinsam ins Meer stieg. Bis heute hat sich daran nichts geändert, allerdings dürfen seit 1970 nach langem Streit auch Frauen an dem Vergnügen teilhaben.

Anreise
> **Bus** Nr. 8 vom Burgh Quay nach Dalkey
> **Dart-Bahn** von Conolly Station oder Pearse Station nach Sandycove und Dalkey

🔴47 Enniskerry und Powerscourt Estate ★★ [S. 140]

Das äußerst charmante Örtchen Enniskerry, 18 km südlich von Dublin inmitten der Wicklow Mountains gelegen – dem „Garden of Ireland" –, wurde 1760 von Richard Wingfield, dem Earl of Powerscourt, für die Arbeiter seiner Ländereien planvoll angelegt. Hochherrschaftlich residierte der Earl auf dem Powerscourt Estate.

Der Haupteingang zu diesem ausgedehnten, 65 km² umfassenden Besitz befindet sich ca. 300 m südlich vom kleinen Dorfzentrum. Um das Jahr 1300 ließ sich die normannische Familie derer von Le Poer (die ihren Namen später in „Power" ang-

◄ *Malahide Castle gehört heute zum Dublin County Council*

lizierte) hier nieder und erbaute sich eine Burg. Die **Festung** wechselte in den folgenden Jahrhunderten mehrfach den Besitzer, bis sie 1603 an Richard Wingfield fiel, damals der Marshall von Irland.

1731 erhielt der begnadete Architekt Richard Cassels den Auftrag, die Burg in ein repräsentatives Schloss umzubauen, und Cassels entwarf für die Familie ein **großes Landhaus im schönsten palladianischen Stil**. In den 1950er-Jahren verkauften die Wingfields ihr Schmuckkästchen, das vom neuen Besitzer umfassend restauriert wurde und dann kurz vor der Neueröffnung 1974 völlig ausbrannte.

Einige Jahre später übernahm die **amerikanische Slazenger-Dynastie**, die ihr Geld mit Sportartikeln gemacht hatte, das Anwesen und restaurierte erneut. Hinzu kamen noch zwei Golfplätze, ein gigantisches Gartenzentrum und eine Reihe von Fabrikläden, in denen man Markenartikel direkt und preisgünstig vom Hersteller kaufen kann.

Einige Räume des Hauses sind zu besichtigen und machen mit der Geschichte des Anwesens vertraut. Einen wundervollen Blick hat man vom Terrassencafé auf die umliegenden Gärten und die Gipfel der Wicklow Mountains. Die Attraktion ist ganz ohne Zweifel der **20 ha große formale Garten**, der sich an das grandiose Haus anschließt. Das ursprüngliche Gartendesign datiert von 1740 und wurde im 19. Jh. leicht modifiziert.

Inmitten der blühenden Beete finden sich Statuen, weite Rasenflächen, baumbestandene Alleen, künstliche Seen und Wasserläufe, ein japanischer Garten und ein Friedhof für die Haustiere der früheren Besitzer. Die gesamte Szenerie wird überragt vom **Sugarloaf Mountain**, dem höchsten Berg in den Wicklow Mountains. Zusammen mit dem Ticket bekommt der Besucher eine Karte des Areals, in dem zwei unterschiedlich lange Spazierwege eingezeichnet sind, die zu allen Sehenswürdigkeiten führen.

7 km entfernt liegt der beeindruckende **Powerscourt Waterfall**, der 130 m in die Tiefe stürzt – der höchste Wasserfall Irlands. Vor allem nach starken Niederschlägen bieten die herunterrauschenden Wassermassen ein großartiges Schauspiel.

> **Powerscourt Estate Haus und Garten,** Tel. 01 2046000, www.powerscourt.ie, tgl. 9.30–17.30 Uhr, im Winter bis zur Abenddämmerung, Eintritt 6,25 € (Kinder 3,50 €)

Anreise

> **Bus** Nr. 44 von Hawkin Street nach Enniskerry oder Dart-Bahn bis Bray und von dort mit Bus Nr. 185
> **Bus Éireann** (Tel. 01 8366111, www.buseireann.ie) bietet ganztägige Ausflüge zur Powerscourt Estate und weiter nach Glendalough vom Dubliner Busbahnhof Busáras aus an.

48 Glendalough ★★★ [S. 140]

Glendalough liegt rund 50 km südlich von Dublin und gehört zu den schönsten landschaftlichen Flecken, die Irland zu bieten hat. Inmitten eines tiefen, dunklen, waldbestandenen Tals erstrecken sich zwei große Seen, an deren Ufern die eindrucksvollen Reste einer frühmittelalterlichen Klosteranlage liegen.

Glendalough (gälisch *Gleann Dá Loch* = das Tal der zwei Seen) bietet eine romantische, alpin anmutende Landschaft mit kulturell bedeutsamen Sehenswürdigkeiten und ist daher eines der wichtigsten Naher-

holungsziele für die Dubliner Bevölkerung. Am zentralen Parkplatz gibt ein **kleines Besucherzentrum** dem interessierten Besucher Auskunft über das Tal. Neben einem 20-minütigen Videofilm über Irlands frühchristliche Epoche zeigen Schaukästen und -tafeln kunsthistorische Bedeutsamkeiten, und ein maßstabsgetreues Holzmodell gibt die Anlage der Klosterstadt wieder.

Seit um 1840 das Ehepaar Hall einen Reiseführer über ganz Irland auf den Markt brachte und Glendalough in den schönsten Farben schilderte, ist das Tal **zu einem touristischen „Muss" geworden.** Doch schon während des gesamten Mittelalters zog – wenigstens einmal im Jahr – diese Stätte die Bewohner der Umgebung an. Anlässlich des Festes von St. Kevin, des Gründungsheiligen der Klosteranlagen im Tal, der entweder 618 oder 622 verstarb, **pilgerten die gläubigen Iren zum Grab des frommen Mannes** und ergingen sich in Andacht, Buße und Vergnügen. Neben inbrünstig gesprochenen Gebeten wurde mit der gleichen Anteilnahme fassweise Whiskey getrunken und die schwer alkoholisierten Wallfahrer hauten – vor allem, wenn es sich um verfeindete Geschlechter handelte – mit ihren Knüppeln aufeinander ein. Wie die Chronisten berichten, war Totschlag keine Ausnahme.

Angeblich war dieser „Brauch" noch in vollem Gange, als die Halls ins Tal kamen, doch dann soll ein couragierter Gemeindepfarrer solche Lästerungen an dem heiligen Ort abgestellt haben: Dieser schüttete den Whiskey in den Bach und warf die gefürchteten Eichenkeulen, die *Shillelaghs,* kurzerhand ins Feuer.

Ende des 6. Jh. kam der **hl. Kevin** mit einer Anzahl Getreuer ins Tal und errichtete eine Mönchseinsiedelei.

▲ *Blick auf die mittelalterliche Klostersiedlung Glendalough in den Wicklow Mountains, dem „Garten Irlands"*

Doch schon bald strömten scharenweise fromme Anhänger nach Glendalough. Kevins Weisheit und Gelehrsamkeit, seine Frömmigkeit und asketische Lebensweise hatten ihn zu einem bekannten Mann gemacht. Als Abt dieser Einsiedelei sorgte Kevin für ein geordnetes Leben unter den gläubigen Brüdern und widmete sich der theologischen Lehre sowie der Armen- und Krankenpflege.

Auch nach seinem Tod wuchs die Gemeinde weiter und aus der kleinen Siedlung entstand im 12. Jh. eine Stadt, die **sieben Kirchen** und (laut Schätzungen) **3000 Menschen** zählte. „Glendalough voller Herrlichkeiten ist das Rom des Westens", so hieß es damals. Doch auch Heimsuchungen mussten die Mönche über sich ergehen lassen, denn mehrfach überfielen die Wikinger die Klosterstadt und versetzten die frommen Brüder in Angst und Schrecken. Nach einem großen Brand im Jahr 1398 verlor die „City of the Seven Churches" dann jedoch rasch an Bedeutung.

Wer die frühe Entwicklung der einstigen Mönchsklause nachvollziehen möchte, beginnt seinen Spaziergang am Südostende des oberen Sees. Dort, an *Díseart Kevin,* Kevins Einsiedelei, liegt auf einer künstlich angelegten Plattform **Teampull na Skellig**, das in seinen ältesten Teilen aus dem 7. Jh. datierende Kirchlein. Um das kleine Gotteshaus herum haben wahrscheinlich die ersten Bienenkorbhütten der frühen Einsiedler gestanden.

Auf einer Felsnase über dem See liegt **St. Kevin's Cell.** Es ist jedoch nicht genau erwiesen, ob hier die Bienenkorbhütte des Heiligen gestanden hat. Unabhängig davon lohnt sich der kurze Aufstieg vor allem wegen der prächtigen Aussicht.

Die **Kirche von Reefert**, nahe am Poulanass-Wasserfall gelegen, gilt einigen Forschern als Kevins letzte Ruhestätte. Dafür spricht, dass sich eine ganze Reihe von Adligen und hohen Geistlichen hier begraben ließ – einige noch vorhandene Grabplatten zeugen davon. Eine Legende berichtet, wie Kevin einst an diesem Ort mit weit ausgebreiteten Armen reglos im Gebet versunken war und eine Amsel ihre Eier in seine Handflächen legte. Der Heilige verharrte in dieser Stellung, bis die Vögel geschlüpft waren.

Die **Marienkirche Our Lady's Church** gehört weder zur unteren noch zur oberen Anlage, sondern liegt außerhalb der ehemaligen Klosterstadt. Auch in diesem Kirchlein könnte sich Kevins Grab befunden haben. Wahrscheinlicher ist jedoch, dass das Gotteshaus zu einer kleinen Nonnenabtei gehörte.

In der eigentlichen Klosterstadt, die erst lange nach Kevins Tod entstand, ist der **über 30 m hohe Rundturm,** der im 9. oder 10 Jh. errichtet wurde, der Blickfang. Die Dachspitze erneuerte man 1876 mit den noch vorhandenen Originalsteinen. Der nadelschlanke Turm diente den Mönchen gleichermaßen als Ausguck wie als letzte Zufluchtstätte – die frommen Einsiedler hatten viel unter dem Ansturm räuberischer Wikinger zu leiden.

Meldete der Wachhabende im „Krähennest" die heranrückenden Nordmänner, so zogen sich die gläubigen Brüder mit ihren wertvollen liturgischen Gerätschaften, mit ihren Manuskripten und Büchern ins Innere des mächtigen Bollwerks zurück. Der Eingang liegt mehrere Meter über dem Boden und nachdem die Leiter eingezogen worden war, befanden sich die Mönche in relativer Sicher-

Die Wikinger in Irland

Am Ende des 8. Jahrhunderts suchte eine neue Plage Europa und die britischen Inseln heim: Die Wikinger, Seefahrer aus Skandinavien. 795 erschienen die Wikinger erstmals vor der irischen Küste und überfielen das wohlhabende Kloster auf der Insel Lambay, nördlich der Bucht von Dublin. In den folgenden 50 Jahren kamen sie immer wieder und plünderten und mordeten. In einer Grammatik des Lateinischen aus Irland, die heute im Kloster St. Gallen in der Schweiz liegt, schrieb ein Mönch im frühen 9. Jahrhundert auf Irisch folgendes Gedicht an den Rand: „Heute Nacht weht ein kräftiger Wind und aufgewühlt sind die weißen Schaumkronen der Wellen. Bei einem solchen Wintersturm habe ich keine Angst, dass die kriegerischen Wikinger übers Meer kommen."

Allerdings waren es keinesfalls nur Wikinger, die Klöster überfielen. Auch Iren und selbst konkurrierende Klöster führten solche Überfälle durch.

841 gründeten die Wikinger an der Mündung des Flusses Liffey eine Siedlung, die den irischen Ortsnamen „Dubh Linn" (Schwarzer Tümpel) als „Dyflin" übernahm und aus der das heutige Dublin hervorging. Die Wikinger blieben und gründeten weitere Siedlungen (heute Limerick, Cork, Waterford und Wicklow).

Iren und Wikinger lebten nicht isoliert voneinander, sondern es fand ein reger Austausch statt. Vom kulturellen und technologischen Einfluss der Wikinger zeugen auch zahlreiche skandinavische Lehnwörter im Irischen, die häufig aus den Bereichen Handel, Schifffahrt und Fischerei stammen.

049du Abb.: ti

Bald waren die Wikingerstädte fest in innerirische Machtstrukturen eingebunden. In vielen Geschichtsdarstellungen wird die Schlacht von Clontarf im Jahr 1014 als das Jahr bezeichnet, in dem die Iren sich von den Wikingern befreiten. Dies ist übertrieben: Die Dubliner Wikinger hatten irische Verbündete und herrschten auch nach der verlorenen Schlacht weiter über Dublin. Allerdings nahmen sie das Christentum an, was ihre kulturelle Assimilation beschleunigte.

▲ Der Round Tower von Glendalough, einst einziger Fluchtpunkt der Mönche vor den Wikingern

heit. Nahe dem Turm erhebt sich die vorromanische, im 9. Jh. begonnene und im 12. Jh. erweiterte Kathedrale von St. Peter und St. Paul.

Das **Priesterhaus**, ein kleiner, spätromanischer Bau, diente wohl einmal als Grabkapelle. Möglich ist auch, dass es als Schrein fungierte und vielleicht die Gebeine von St. Kevin barg. Das fast 3 m hohe **St.-Kevins-Kreuz** ist aus einem Granitblock gehauen und datiert aus dem 6. Jh. Es ist daher gut möglich, dass es einst für oder gar von dem großen Heiligen errichtet wurde. Der gedrungene Rundturm auf der **St. Kevin's Church** brachte dem kleinen Kirchlein den Beinamen „Kitchen" ein – Besucher fühlten sich an einen Küchenkamin erinnert.

Nur noch Reste sind von der **St. Kieran's Church** erhalten, die wohl einmal Irlands kleinstes Gotteshaus war (Schiff 6 x 4,5 m, Chor 2,75 x 2,75 m). Das Kirchlein entstand zu Ehren von St. Kieran, in jenen Tagen Abt des berühmten Klosters Clonmacnoise. Kieran und Kevin verband tiefe Freundschaft und Einigkeit in Glaubensfragen. Wie die Legende berichtet, rief Kieran kurz vor seinem Tod Kevin an sein Sterbelager. Doch der Abt von Glendalough kam zu spät, der Freund lag bereits aufgebahrt. Der Herr aber zeigte sich gnädig: Als Kevin an die sterbliche Hülle seines Glaubensbruders trat, kam die Seele des Verstorbenen noch einmal zurück und die beiden frommen Männer konnten ein letztes Mal miteinander disputieren.

Gegenüber der St. Kieran's Church ragt der **Deer Stone** auf. Um diesen „Rehstein" rankt sich ebenfalls eine fromme Sage: In dem ausgehöhlten Stein hinterließ täglich eine Rehkuh die Hälfte ihrer Milch, sodass Kevin in

seiner Männerklause ein Findelkind großziehen konnte.

Schließlich lohnt noch die **Probstei von St. Saviour** einen Besuch. Erbauen ließ sie 1162 Lawrence O'Toole, einst Abt von Glendalough und Erzbischof von Dublin. Lawrence war ein frommer, integrer und diplomatisch versierter Kirchenmann. Erfolgreich und mit großem persönlichen Mut vermittelte er bei Spannungen zwischen den Normannenfürsten, den irischen Adligen und Heinrich II. Lawrence versorgte mit seinem eigenen Vermögen die Notleidenden und stiftete Kirchen – folgerichtig starb er als armer Mann.

Doch nicht nur die einstige Klosterstadt mit ihren frühchristlichen Monumenten ist im Tal von Glendalough sehenswert, der Besucher sollte auch die Natur genießen, durch die Wälder streifen oder die Seen umwandern. Am Upper Lake sind **zwei Spazierwege** ausgeschildert: der 4 km lange „Falcon Trail" und der 2 km lange „Badgerpaw Trail".

> **Glendalough Visitor Centre**, www.glendalough.ie, Tel. 0404 45325, Mitte März–Okt. tgl. 9.30–18 Uhr, Nov.–Mitte März tgl. 9.30–17 Uhr, Eintritt 3 € (Kinder 2 €)

Anreise

> **St. Kevin's Bus**, Tel. 01 2818119, verkehrt von Dublin aus (Haltestelle gegenüber dem Mansion House in der Dawson Street) Mo.–Sa. um 11.30 und um 18 Uhr, So. um 11.30 und um 19 Uhr zur Klostersiedlung, im Juli und August Mo.–Sa. um 9.45, 11.30 und um 17.30 Uhr.

> **Bus Éireann** (Tel. 01 8366111, www.buseireann.ie) bietet ganztägige Ausflüge zum Powerscourt Estate und weiter nach Glendalough vom Dubliner Busbahnhof Busáras aus an.

Praktische Reisetipps

0008du Abb.: hg

An- und Rückreise

Mit dem Flugzeug

Die **Billigfluggesellschaft** Germanwings (www.germanwings.de) fliegt von Köln/Bonn, Berlin, Bremen, Dresden, Frankfurt/Main, Hannover, Leipzig, München, Wien und Zürich nach Dublin, Ryanair (www.ryanair.com) hat Verbindungen in die irische Hauptstadt von Berlin/Schönefeld, Frankfurt/Hahn und München/Memmingen. Lufthansa (www.lufthansa.com) fliegt von Frankfurt/Main und Zürich nach Dublin nach Dublin. Die irische Fluggesellschaft Aer Lingus (www.aerlingus.com) bedient die Strecken von Berlin, Düsseldorf, Frankfurt, Stuttgart, Hamburg, München und Wien nach Dublin. Swiss (www.swiss.com) fliegt von Zürich nach Dublin.

Dublins Flughafen (Dublin International Airport, www.dublinairport.com) liegt 14 km nördlich des Zentrums und ist über die Autobahn M1 an selbiges angeschlossen. **Busse** bringen die Fluggäste in die Stadt. Dazu zählt der privat betriebene „Aircoach", der auf zwei unterschiedlichen Routen pendelt und an 18 Zielen im Stadtgebiet hält. Abfahrt ist alle 60 Minuten zur halben Stunde zwischen 0.30 Uhr und 4.30 Uhr, sonst alle 20 Minuten oder alle 10 Minuten zwischen 7.05 Uhr und 20.55 Uhr (7 € einfach, 12 € Hin- und Rückfahrt). Der etwas preiswertere „Airlink Express Coach" von

◀ Vorseite: Kleiner Zeitungsstand auf der Grafton Street ❸

▶ Alternative zum Auto: Rikschas vor der Hauptpost

Dublin Bus Nr. 747 fährt Mo. bis Sa. von 5 Uhr bis 23.30 Uhr alle 10 bis 20 Minuten und sonntags zwischen 7 Uhr und 23.20 Uhr bis zum zentralen Busbahnhof Busáras [K5] hinter dem Custom House ㉚ sowie zum Hauptbüro von Dublin Bus in der Upper O'Connell Street (6 € für einfache Fahrt, 10 € mit Return). Eine **Taxifahrt** vom Flughafen ins Zentrum schlägt mit etwa 30 € zu Buche.

Mit dem Auto

Wer mit dem Auto anreist, nimmt die **Fähren** von Belgien oder Nordfrankreich nach Südengland und fährt daraufhin weiter zum nordwalisischen Holyhead. Von dort starten die Autofähren von Irish Ferries, die den Besucher nach Dublin bringen.

Wer in Großbritannien unterwegs ist und von dort nur einen Abstecher nach Dublin machen möchte, ist am besten beraten, sein Auto auf dem bewachten Parkplatz (7 £/Tag) in Holyhead stehen zu lassen. Von dort gibt es einen kostenlosen Bus zum Terminal der Fähre. Eine weitere Fährverbindung nach Dublin gibt es von Liverpool aus.

❯ www.irishferries.com

Autofahren

Wer mit dem Auto anreist, sollte den Wagen in einem Vorort abstellen und mit dem Bus oder der Luas-Bahn (siehe „Verkehrsmittel") in die Innenstadt fahren. Aus der Sicht von Autofahrern gesehen, besteht Dublin **aus einem einzigen, gigantischen Stau**, es geht – im wahrsten Sinne des Wortes – nichts! Zudem sind **Parkplätze Mangelware** und die Parkgebühren außerordentlich hoch.

Ausrüstung und Kleidung

Alle Verbrauchsartikel wie etwa Batterien sind in Irland **wesentlich teurer** und sollten schon vor Abflug im Heimatland gekauft werden.

Regendichte Kleidung und leichte Wanderschuhe machen die touristische Erkundung vom Wetter unabhängig. Für Restaurantbesuche in besseren Lokalen machen sich die Iren gerne schick und auch vom ausländischen Besucher wird wenigstens ansatzweise **formelle Kleidung** erwartet.

Barrierefreies Reisen

Dublin ist leider keine besonders barrierefreie Stadt. Immerhin sind alle Busse an der hinteren Ausstiegstür mit einer Rampe versehen, sodass Rollstuhlfahrer problemlos in die öffentlichen Verkehrsmittel kommen. Die Luas-Tram ist eine Niederflurbahn, sodass auch hier keine Probleme zu befürchten sind. Im Übrigen sind die Dubliner allen ausländischen Gästen gegenüber sehr hilfsbereit.

Die vom irischen Fremdenverkehrsamt herausgegebenen Auflistungen für Hotels, Guest Houses und Bed and Breakfasts informieren den beeinträchtigten Besucher über entsprechend ausgerüstete Unterkünfte (s. S. 107). Informationen aller Art für Behinderte vermittelt auch die Irish Wheelchair Association.

> **Irish Wheelchair Association,** 24 Blackheath Drive, Clontarf, Dublin 3, Tel. 01 8186400, Fax 01 8333873, www.iwa.ie

Diplomatische Vertretungen

> **Botschaft der Bundesrepublik Deutschland,** 31 Trimleston Avenue, Booterstown, Blackrock, Co. Dublin, Tel. 01 2693011, Fax 01 2693946, www.dublin.diplo.de

> **Österreichische Botschaft,** 15 Ailesbury Court Apartments, 93 Ailesbury Road, Dublin 4, Tel. 01 2694577, Fax 01 2830860, www.bmeia.gv.at

> **Schweizer Botschaft,** 6 Ailesbury Road, Ballsbridge, Dublin 4, Tel. 01 2186383, Fax 01 2830344, www.eda.admin.ch/dublin

Elektrizität

In Irland fließt die gleiche Stromstärke und -spannung wie auch in Deutschland, Österreich und der Schweiz. Allerdings benötigt man einen **Adapter**, um die deutschen Stecker an die irische Steckdose anschließen zu können. Solche Adapter bekommt man in Elektroläden und in vielen Flughafengeschäften.

Im Bad befindet sich häufig eine Steckdose, in den heimische Flachstecker hineinpassen – diese sind aber nur für einen Rasierapparat geeignet, ein Haarföhn oder andere Geräte lassen sich damit nicht betreiben. Allerdings reicht die Stromstärke aus, um das Handy aufzuladen.

Geldfragen

Auch in Irland wird mit dem **Euro** bezahlt, die Euromünzen zeigen auf der Rückseite das irische Nationalsymbol: die Harfe. Im Dubliner Stadtgebiet gibt es genügend Bargeldautomaten, bei denen man auch mit **Maestro-(EC-)Karten** problemlos Geld abheben kann. Diese Automaten akzeptieren auch Kreditkarten, doch sind die Gebühren dafür im Gegensatz zur Maestro-Karte meist recht hoch.

Ab Freitagabend sind viele Geldautomaten im Stadtzentrum leer und das bleibt dann so über das gesamte Wochenende – man sollte sich also rechtzeitig vorher mit Bargeld eindecken. Einkäufe und Hotelübernachtungen kann man überall mit der Kredit- und meist auch mit der EC-Karte zahlen, kleinere Bed and Breakfasts bestehen oft auf Barzahlung.

Die **Mehrwertsteuer** (VAT = Value Added Tax) in Irland liegt bei 23 %. Irland gehört mit Luxemburg zu den

Dublin preiswert

Dublin ist eine teure Stadt. Dennoch gibt es Möglichkeiten, die Kosten gering zu halten.

❯ Am billigsten kann man in **Hostels** übernachten, die auch eine geringe Zahl Einzel- oder Doppelzimmer anbieten. Mittlerweile ist oft auch ein einfaches Frühstück im Preis eingeschlossen. Hostels bieten zudem den Vorteil, dass man dort oft selbst kochen und Lebensmittel im Kühlschrank aufbewahren kann.

❯ **Restaurants** sind abends *(dinner)* wesentlich teurer als mittags *(lunch)* und in Cafés (wie z. B. dem Kylemore, s. S. 21) bekommt man günstig einfache Gerichte.

❯ Eine **Auswahl internationaler Gerichte** bekommt man an verschiedenen Ständen in der Epicurean Food Hall (www.epicureanfoodhall.com) in der Lower Liffey Street [I6]. Hier gibt es auch Tische, an denen man essen kann.

❯ Große Portionen mit gesunden indisch-inspirierten **vegetarischen Gerichten** gibt es günstig in Govinda's Vegetarian Restaurant (s. S. 23).

❯ Die wirklich sehenswerten staatlichen **Museen** (s. S. 28) wie etwa die National Gallery, das Museum of Modern Art, das Natural History Museum und einige mehr erheben keinen Eintritt.

teuersten Ländern Europas und der deutsche, österreichische oder Schweizer Besucher kann bei den Preisen in der irischen Hauptstadt nur ungläubig den Kopf schütteln. Die allgemeinen Lebenshaltungskosten liegen mindestens ein Drittel über den mitteleuropäischen.

Informationsquellen

Infostellen zu Hause

> **Deutschland: Tourism Ireland,** Gutleutstr. 32, D–60329 Frankfurt, Tel. 069 66800950, Fax 069 92318588
> **Österreich:** Tel. 01 501596000 (kein eigens Büro mehr vorhanden)
> **Schweiz:** Tel. 01 2104153 (kein eigenes Büro mehr vorhanden)
> **Infos im Internet:** www.tourismireland.com

Infostellen in der Stadt

> ❶ **120** [I7] **Dublin Tourism (Fáilte Ireland),** 2 Suffolk Street, Tel. 01 6057700, www.visitdublin.ie, in einer säkularisierten Kirche. Die Touristeninfomationen sind bei der Unterkunftssuche behilflich, vermitteln Hotels und Bed and Breakfasts, sind bei Tourenvorschlägen kompetent, verkaufen Eintrittskarten zu Veranstaltungen oder können Auskunft darüber geben, wo diese zu bekommen sind.
> ❶ **121** [I5] **Dublin Tourism,** 14 O'Connell Street
> ❶ **122** [L8] **Goethe-Institut Dublin,** 37 Merrion Square, Dublin 2, Tel. 01 661155, www.goethe.de, E-Mail: info@dublin.goethe.org
> ❶ **123** [I6] **Iarnród Éireann Travel Centre,** 34, Lower Abbey Street, Tel. 01 8366222, www.irishrail.ie. Das Iarnód Éireann Travel Centre informiert umfassend über Zugverbindungen in ganz Irland.

Fundbüros (Lost Property Office)

> **Bahnhof Connoly Station** [K/L4]: Tel. 01 7032358
> **Dublin Bus** [I5]: Earl Place, Tel. 01 7031321
> **Dublin Airport:** Tel. 01 8145555

Die Stadt im Internet

> **www.tourismireland.de:** offizielle Website des irischen Fremdenverkehrsamts
> **www.visitdublin.com:** offizielle Seite der Stadt Dublin
> **www.dublintourist.com:** Eine Vielzahl von Informationen über Bed-and-Breakfast-Unterkünfte, Hotels, Sehenswürdigkeiten und vieles mehr sind auf dieser Seite versammelt.
> **www.dublinvisit.org:** offizielle Webseite des Dublin Convention & Visitors Bureau
> **www.living-dublin.com:** Seite mit vielen Hintergrundinfos über die Stadt
> **www.dublin-info.de:** eine deutschsprachige Seite über Dublin mit einer Unmenge an aktuellen Infos
> **www.dublin.de:** deutschsprachige Website mit Forum, Dublin-Diashow und etlichen weiteren Infos
> **www.dublin.ie:** Informationen über Unterkunft, Kunst und Kultur sowie Veranstaltungshinweise
> **www.dublincityofliterature.ie:** schön gestaltete Website zur Literatur in Dublin, der vierten „UNESCO City of Literature"

EXTRATIPP

Dublins Museen im Internet

Wer sich schon zu Hause auf einen Besuch in der Hauptstadt der grünen Insel einstimmen möchte, kann im Internet dem **Dublin Cultural Trail** folgen.

Das ist ein interaktiver, virtueller Spaziergang durch Dublins Kunst- und Museumsszene, den es auch als **App** fürs Handy gibt. Man kann zu jedem Ort ein Video anschauen und Informationen finden, die helfen den eigenen Besuch zu planen.
> dublinculturaltrail.ie

Unsere Literaturtipps

> *Eigentlich ein Muss während eines Dublinbesuchs – wenngleich auch ein hartes Stück Lesearbeit – ist die abendliche Lektüre des „Ullysses"* von **James Joyce.** *Der weltberühmte Roman schildert einen Tag im Leben des Leopold Bloom, wie er durch das Straßenlabyrinth von Dublin zieht.*

> *Leichter zu lesen und auch im Umfang dünner ist die Sammlung von Kurzgeschichten unter dem Titel „Dubliners". In 15 Short Stories, die perfekt geschrieben und auf den Punkt gebracht sind, beschreibt Joyce das Leben von Dublinern und die Momente, die ihr Leben bestimmen.*

> **Roddy Doyle** *schildert in „Paddy Clarke Ha Ha Ha" die kindlichen Abenteuer des 10-jährigen Paddy in der fiktiven Arbeitersiedlung Barrytown nördlich von Dublin. Doyle gewann mit dem Roman 1993 den begehrten Booker Prize.*

> *„Der letzte Held von Dublin" erzählt die Geschichte des Dubliner Polizisten Pat Coyne, eine Art „Dirty Harry" Dublins, der von seinen Kollegen „Mr. Suicide" genannt*

> *wird, weil er sich für nichts zu schade ist.* **Hugo Hamilton,** *irisch-deutscher Herkunft, hat einen herrlich schwarzhumorigen Krimi geschrieben und führt Pat Coyne und damit auch den Leser zu den Stationen, die man sich als Sehenwürdigkeiten eventuell selbst schon angesehen hat oder noch ansehen wird. Ebenfalls sollte man von Hamilton „Gescheckte Menschen" lesen, in dem der Autor seine eigene Kindheit im für ihn fremden Irland erzählt und das Dublin der 1950er-Jahre lebendig werden lässt.*

> *In „The Journey Home" beschreibt* **Dermot Bolger** *die Schattenseite der modernen irischen Gesellschaft mittels kraftvoll geschilderter Persönlichkeiten und abstruser Szenarios.*

> *Einen düsteren Krimi hat* **John Banville** *mit „Das Buch der Beweise" vorgelegt, in dem er die Gefängniserfahrungen des Freddie Montgomery erzählt, der für einen brutalen Mord an einem Dienstmädchen büßen muss. Der Autor, John Banville, war lange Zeit Literaturkritiker der Irish Times.*

Publikationen und Medien

Die wichtigsten **Tageszeitungen** sind „The Irish Independent" (Mitte-rechts), „The Irish Times" (Mitte-links) sowie „The Evening Herald" (eine Boulevardzeitung, die vor allem in Dublin gelesen wird). Den Zeitschriftenmarkt dominieren britische Titel, aber es gibt auch einige aus Irland stammende Publikationen. Geschichtsinteressierten sei z.B. das

alle zwei Monate erscheinende „History Ireland" empfohlen.

Aktuelle **Veranstaltungshinweise** findet man donnerstags in dem Magazin „The Dubliner", das dem Evening Herald beiliegt, sowie freitags in „Ticket", einer Beilage der Irish Times.

Die beste Auswahl an Zeitungen und Zeitschriften, auch einigen **deutschsprachigen,** bietet die Buchhandlung Eason's (s. S. 17).

Beobachtung im Park

Internet und Internetcafés

Viele Hotels, Hostels und private Bed-and-Breakfast-Unterkünfte bieten ihren mit Notebooks ausgestatteten Gästen einen Internetanschluss an. Wer nicht mit dem eigenen Computer unterwegs ist, findet in der Innenstadt folgende Internetcafés:

@**124** [I7] **Central Internet Café**, 6 Lower Grafton Street, www.centralinternetcafe. com. Internetcafé in der verkehrsberuhigten Haupteinkaufsstraße.

@**125** [I6] **Global Internet Café**, The Basement, 8 Lower O'Connell Street

@**126** [I6] **Nethouse Internet Café**, 43–44 Wellington Quay

Mit Kindern unterwegs

Die **Multimediashow Dublinia** ❷ erklärt Kindern auf schöne und spannende Art und Weise die Geschichte der Stadt zur Wikingerzeit und im Mittelalter. So bekommen sie einen Einblick in die Vergangenheit und sehen einem Besichtigungsrundgang vielleicht anschließend mit anderen Augen entgegen.

Im **National Leprechaun Museum** (s. S. 29) werden Erwachsene und Kinder in die Welt der irischen Märchen und Mythologie eingeführt. Vor allem die überdimensionierten Möbel bereiten Kindern viel Spaß. Man kann nur mit einer Führung durch das Museum. Die Führer erzählen lebendig und kindgerecht, allerdings nur auf Englisch.

In Temple Bar befindet sich **The Ark – A Cultural Centre for Children** ⑱, das mit verschiedenen Angeboten den jüngeren Dublinern und Besu-

053du Abb.: tl

Maße und Gewichte

Mit Ausnahme der **Meile** (*mile,* 1609 m) und des Hohlmaßes **Pint** (0,568 l) gelten in Irland die gleichen Maß- und Gewichtsangaben wie in Deutschland, Österreich und der Schweiz. Aber **alten Maßeinheiten** begegnet man noch immer.

> 1 inch (in) = 2,54 cm
> 1 foot (ft) = 30,48 cm
> 1 yard = 91,44 cm
> 1 acre = 0,4 ha
> 1 gallon = 4,55 l
> 1 ounce (oz) = 28,35 g
> 1 pound (lb) = 453 g

chern die Themen Wissenschaft, Umweltschutz und jede Art von Kunst nahebringt. Die meisten Aktivitäten gehen vom Centre aus, es kommen aber auch Künstler, Wissenschaftler und Umweltschützer zu Besuch und unterhalten oder arbeiten mit den Kindern. Im Sommer finden viele Programme auf einer Freiluftbühne statt.

Selbstverständlich lohnt ein Besuch im **Dubliner Zoo**, der im riesigen Phoenix Park **43** gelegen ist – vor allem, seit im Jahr 2000 die „African Plains" eingerichtet wurden: eine große Savannen- und Buschlandschaft, die einen See umrahmt.

Im **National Wax Museum Plus** **17** gibt es die großen Geister der irischen Politik- und Kulturszene zu sehen, zu der natürlich auch die bekannten Musiker der „Grünen Insel" zählen. Auch das **Natural History Museum** **8** mit seinen ausgestellten Tieren dürfte bei Kindern auf Interesse stoßen.

Medizinische Versorgung

Die medizinische Versorgung in Irland entspricht dem europäischen Standard.

Ärztehäuser

127 [I7] **Grafton Medical Practice,** 34 Grafton Street, Tel. 01 6712122

128 [I7] **Mercer's Medical Centre,** Johnston's Place, Lower Stephen Street, Tel. 01 4022300

Krankenhäuser

129 [L9] **Baggot Street Hospital,** 18 Upper Baggot Street, Tel. 01 6681577

130 [C8] **St. James's Hospital,** James's Street, Tel. 01 4103000

Zahnärzte

131 [I7] **Anne's Lane Dental Centre,** 2 Anne's Lane, Tel. 01 6718581

132 [I7] **Dame House Dental Surgery,** 24/26 Dame Street, Tel. 01 6709256

▲ *Am St. Patrick's Day dreht sich ein Riesenrad bis tief in die Nacht hinein*

Notfälle

> Die **Notrufnummer** für Polizei, Feuerwehr, Krankenwagen ist **Tel. 999.**

Im Innenstadtbereich finden sich **Polizeistationen** in der Pearse Street, Fitzgibbon Street, Harcourt Terrace und Store Street. Paarweise durchstreifen Polizisten zu Fuß die Stadt.

Im Falle eines Kartenverlustes (Kreditkarten, Maestro-Karte, SIM-Karte) gelten im Notfall für deutsche Karten folgende **zentrale Sperrnummern:**

> Tel. 0049 116116 oder
> Tel. 0049 30 40504050

Für österreichische und Schweizer Karten gibt es (noch) keine zentrale Sperrnummer, deren Besitzer sollten sich vor Reiseantritt bei ihrem Bankinstitut über die jeweilige Notrufnummer informieren.

Öffnungszeiten

> **Ämter:** Mo.–Fr. 9–17 Uhr
> **Banken:** Mo.–Fr. 10.30–16 Uhr, Mi. u. Fr. 10.30–17 Uhr
> **Geschäfte:** Mo.–Mi., Fr., Sa. 9–18 Uhr, Do. 9–20 Uhr, So. 12–18 Uhr
> **Post:** Mo.–Fr. 9–17.30 Uhr, Sa. 9–13 Uhr
> **Pubs:** Mo.–Do. 12–24 Uhr, Fr., Sa. 12–1 Uhr, So. 12–23.30 Uhr
> **Restaurants:** 12–15 u. 17.30–23 Uhr

Post

Der Standardbrief und die Postkarte sowohl in EU-Länder als auch in Nicht-EU-Länder kosten 82 Cent. Das General Post Office (GPO), das Hauptpostamt **33**, befindet sich in der O'Connell Street.

Radfahren

Im Dubliner Zentrum gibt es **viele Fahrradwege**, doch dämpfen der sehr dichte Verkehr und die ständigen Staus das Vergnügen etwas. Auch sollte man sich des **Linksverkehrs ständig bewusst** sein sowie der Tatsache Rechnung tragen, dass **Fahrräder gerne geklaut** werden. Es reicht nicht, den Drahtesel nur zu sichern, man muss ihn unbedingt anketten, wofür im ganzen Stadtgebiet u-förmige Haltestangen aufgestellt sind. Ein abgeschlossenes, aber nicht fest gesichertes Fahrrad verschwindet schnell im nächsten Kofferraum. Fahrräder kann man leihen bei:

> **S133** [H5] **Cycleways,** 185/186 Parnell Street, Tel. 01 8734748
> **S134** [H8] **MacDonald Cycles,** 38 Wexford Street, Tel. 01. 4752586

Schwule und Lesben

Infostellen

> **Gay Switchboard Dublin,** Tel. 01 8271055, www.gayswitchboard.ie
> **Gay Community News,** www.gcn.ie. Monatlich erscheinendes, kostenloses Blättchen mit Ankündigungen und Neuigkeiten für die Schwulenszene.
> **Lesbian Line Dublin,** Tel. 01 8729911, www.dublinlesbianline.ie

Treffpunkte

135 [H6] **GUBU,** 7 Capel Street. Der Pub GUBU bezeichnet sich als Gay and Lesbian Bar und besitzt ein tolles Ambiente. Jeden Mittwochabend findet ein Kabarettprogramm statt, das gezielt auf Schwule und Lesben zugeschnitten ist.

Notfall

Wer wegen seiner sexuellen Neigung in Gefahr gerät, sollte beim Gay

& Lesbian Garda Liaison Officer Hilfe einfordern oder die Sexual Assault Unit rufen.

> Gay & Lesbian Garda Liaison Officer, Tel. 01 6669000
> Sexual Assault Unit, Tel. 01 666000

Sicherheit

Dublin ist genauso sicher oder unsicher wie andere mitteleuropäische Großstädte auch. Im Temple-Bar-Bezirk mit seiner dichten Kneipenszene kann es freitags und samstags nach Schließung der Klubs und Pubs zu **Raufereien** kommen.

Betrunken durch die Öffentlichkeit zu torkeln oder in der Öffentlichkeit Alkoholisches zu trinken ist polizeilich verboten und wird geahndet.

Vor **Taschendieben** sollte man sich vor allem in den immer überfüllten Bussen und Bahnen sowie bei großen Menschenansammlungen hüten.

Wer rechtsanwaltliche Hilfe benötigt, kann sich an das Legal Aid Board wenden.

> Legal Aid Board, Tel. 01 1890515200, www.legalaidboard.ie

Sprache

Mit **Englisch** kommt man in Dublin problemlos zurecht. Bei der Auffrischung eventuell verschollener Schulkenntnisse hilft die „Kleine Sprachhilfe" im Anhang. Wer etwas mehr für seine Reisesprachkenntnisse tun möchte, greift am besten zum Reisesprachführer „Englisch – Wort für Wort" aus der Reihe Kauderwelsch des REISE KNOW-HOW Verlags. Und für tiefgreifendere Studien empfiehlt sich der Band „Irish Slang – echt irisches Englisch" aus der selben Buchreihe.

Wer sich ins Dubliner Englisch einhören möchte, dem sei der Film „The Commitments" in der Originalsprache nach dem gleichnamigen Roman von Roddy Doyle empfohlen.

Übrigens wird man bei einem Dublinbesuch schnell auf die offiziell erste Sprache der Republik, das Irische (auch als **Gälisch oder Irisch-Gälisch** bezeichnet) stoßen, etwa auf Straßenschildern oder in gesprochener Form in den zweisprachigen Durchsagen in der Straßenbahn (*Luas* genannt, das irische Wort für Geschwindigkeit). Zwar spricht nur noch eine Minderheit in einigen ländlichen Küstenregionen Irisch als Muttersprache, doch ist die Sprache Pflichtfach in der Schule.

Wer ein Bier auf Irisch bestellen möchte (z. B. mithilfe des Kauderwelsch-Bandes „Irisch-Gälisch" aus dem REISE KNOW-HOW Verlag), kann dies im **Irischklub der Stadt** (Club Chonradh na Gaeilge, www.cnag.ie) in 6 Harcourt Street versuchen. Um zur Bar zu gelangen, muss man dort eine Treppe hinuntergehen und klingeln, was man getrost tun kann, wenn man sich die Mühe gibt, Irisch zu sprechen, und Englisch vermeidet.

Darüber befindet sich der tagsüber geöffnete **irischsprachige Buchladen An Siopa Leabhar** (s. S. 17), in dem auch Lehrbücher, Grammatiken und Wörterbücher erhältlich sind. Wenn man sich länger in Dublin aufhält und für das Irische interessiert, kann man sich dort auch über **Sprachkurse** informieren.

▶ *Rundfahrt zu Lande und zu Wasser im Amphibienfahrzeug mit Viking Splash Tours (s. S. 114)*

054du Abb.: hg

Stadttouren

› **1916 Rebellion Walking Tour,** International Bar, Wicklow Street, Tel. 086 8583847, www.1916rising.com, Mo.–Sa. 11.30 Uhr, So. 13 Uhr, 12 €. Zu den Stätten des Osteraufstands von 1916 führen diese Touren den Besucher und erklären die dramatischen Ereignisse jener Tage.

› **City Sightseeing,** Dublin Tourism, 14 O'Connell Street, www.city-sightseeing.com/tour-Dublin, tgl 9–18 Uhr alle 10–15 Min., 16 € (Kinder 8 €). Täglich fahren von vielen Stellen im inneren Stadtgebiet die in der oberen Etage **dachlosen Doppeldeckerbusse** ab und bringen der Besucher zu sämtlichen Sehenswürdigkeiten der Stadt. Innerhalb eines Tages kann man die Tour beliebig oft unterbrechen, sodass man bei jenen Attraktionen, die nur mit dem Bus oder der Straßenbahn Luas zu erreichen sind, gleich bis vor die Haustür gebracht wird und nach der Besichtigung mit dem nächsten Bus weiterfahren kann. Deutsche Audiokommentare über Kopfhörer.

› **Dublin Bus Tours,** 59 Upper O'Connell Street, www.dublinsightseeing.ie, Tel. 01 7033028. Den gleichen Service wie City Sightseeing bietet Dublin Bus an. Deutsche Audiokommentare über Kopfhörer.

› **Dublin Literary Pub Crawl,** Pub The Duke (s. S. 25), Duke Street, Tel. 01 6705602, www.dublinpubcrawl.com, Tour 12 €, täglich von April bis Oktober, sonst Do.–So. ab 19.30 Uhr. Über zweieinhalb Stunden führen zwei Schauspieler die Teilnehmer in einer Tour durch die Literaturkneipen der Stadt. Besser kann man nicht über die schriftstellernden Geistesgrößen informiert werden. Die Rundgänge starten im Pub The Duke.

› **James Joyce Walking Tour,** James Joyce Cultural Centre **38**, 35 North Great George's Street, www.jamesjoyce.ie („Walking Tours"), Tel. 01 8788547, April–Sept. Di., Do., Sa., Okt.–März nur Sa., je 11 Uhr und 14 Uhr, 10 €. Auf den Spuren des Dichters führen Guides des James Joyce Cultural Centre durch das nördlich vom Fluss Liffey gelegene Dublin – dort, wo Joyce lebte und die Inspirationen für seinen „Ulysses" bekam.

> **Viking Splash Tours**, 18 Mill Street, Tel. 01 7076000, www.vikingsplash. ie, zehn Touren täglich zwischen 10 Uhr und 17.30 Uhr, im Winter nur bis 15 Uhr, 20 € (Kinder 10 €). Touren starten am St. Stephen's Green North. Eine etwas andere Stadtrundfahrt in einem Amphibienfahrzeug aus dem Zweiten Weltkrieg, die schäumend im Grand Canal Dock endet.

Telefonieren

Dublin ist mit **öffentlichen Telefonzellen** gut ausgestattet. Man kann sich darin auch anrufen lassen, die Nummer ist gut sichtbar angebracht.

Ausländische **Handys** loggen sich dank internationaler Roamingabkommen automatisch in das irische Netz ein. Die 2011 eingeführte EU-Höchstgrenze für Roaminggebühren von 35 Cent für abgehende und 11 Cent für angenommene Anrufe je Minute hat das mobile Telefonieren innerhalb der EU bezahlbar gemacht. Handys heißen im Englischen übrigens *Mobile Phone*, kurz *Mobile*.

Wenn man ein Handy ohne SIM-Lock hat, kann man in Dublin eine einheimische SIM-Karte kaufen und mit irischer Nummer telefonieren. SIM-Karten gibt es oft kostenlos, z. B. im Supermark Tesco oder bei Mobilfunkanbietern wie O2 oder Meteor.

Die **Vorwahl Dublins lautet 01.** Aus Deutschland, Österreich und der Schweiz muss die **Ländervorwahl 00353** vorausgeschickt werden, d. h. für Dublin wäre es dann folgende Kombination: 00353 1 ... (ohne 0 vor der 1!). Für Telefonate aus Irland ins Ausland lauten die Vorwahlen:

> nach Deutschland: 0049
> nach Österreich: 0043
> in die Schweiz: 0041

Uhrzeit

In Irland müssen die Uhren wie in Großbritannien eine Stunde zurückgestellt werden. Der Wechsel zwischen Winter- und Sommerzeit vollzieht sich parallel zum Kontinent, der einstündige Unterschied bleibt bestehen.

In Irland wird statt der 24-Stunden-Zeiteinteilung die **12-Stunden-Zählung** bevorzugt. Um die Zeit korrekt angeben zu können, verwendet man den Zusatz „a.m." *(ante meridiem)* für die Zeit zwischen Mitternacht und Mittag, den Zusatz „p.m." *(post meridiem)* für die Spanne zwischen Mittag und Mitternacht. 3.26 pm ist also gleichzusetzen mit 15.26 Uhr.

Unterkunft

Die Unterkunftsstituation stellt sich in Dublin generell gut dar. Es gibt genügend Hotels in allen Kategorien, wenngleich Irland nach Luxemburg das teuerste Land der EU ist und die Hotelpreise dementsprechend etwa ein Drittel höher liegen als in Deutschland, Österreich oder der Schweiz.

Hotels

Man sollte nicht nach Dublin fahren, ohne ein Zimmer vorbestellt zu haben. Viele Reiseveranstalter haben die irische Metropole in ihren Angeboten für Städtereisen und dort bekommt man Mittelklassehotels zu günstigeren Preisen, als wenn man bei den Häusern direkt bucht. Außerdem ändern sich die Preise oft je nach Jahreszeit und außerhalb der Saison kann man durchaus ein Schnäppchen machen.

Preiskategorien Unterkünfte

Preis für ein Doppelzimmer mit Frühstück:
> €   bis 80 €
> €€   80–150 €
> €€€   ab 150 €

Obere Kategorie

136 [I5] **Academy Plaza Hotel** €€€, Findlater Place, Tel. 01 8780666, www. academyhoteldublin.com. Nahe der O'Connell Street und damit im Zentrum der Metropole gelegen, bieten die freundlich und großzügig eingerichteten Räume Entspannung am Abend.

137 [H6] **The Clarence** €€€, 6 Wellington Quay, www.theclarence.ie, Tel. 01 4070800. Das Gebäude datiert von 1852 und wurde 1996 in ein Hotel umgebaut. Das luxuriöse Haus gehört zwei Mitgliedern der Rockgruppe U2. 49 individuell eingerichtete Zimmer und Suiten, am River Liffey und inmitten des Temple-Bar-Bezirks gelegen, eine der besten Adressen Dublins.

138 [J8] **Shelbourne Hotel** €€€, 27 St. Stephen's Green, Tel. 1 800409929, www.theshelbourne.ie. Eine Institution in Dublin, die ultimativen Luxus und gediegenen Service bietet. 190 Zimmer, zwei Bars, zwei Restaurants, seit 1827 wird der Afternoon Tea in der Lord Mayor's Lounge serviert. Vor Kurzem wurde das Haus für die anspruchsvolle Klientel umfassend restauriert. DZ ab 275 €.

Mittlere Kategorie

139 [I6] **Arlington Hotel** €€, 23 Bachelors Walk, O'Connell Bridge, Tel. 01 8049100, www.arlington.ie. Zentral gelegenes Haus am River Liffey mit 116 modernen Zimmern.

140 [I7] **Blooms Hotel** €€, 6 Anglesea Street, Tel. 01.6715622, www.blooms. ie. Das 88-Zimmer-Haus liegt inmitten des lebendigen Temple-Bar-Bezirks und damit am Puls der Stadt, daher kann es abends auch manchmal recht unruhig werden.

141 [I4] **Castle Hotel** €€, 3 Great Denmark Street, Tel. 01 8746949, www.castle-hotel.ie. Eines der ältesten Hotels von Dublin in einem renovierten georgianischen Haus mit 38 Zimmern.

142 [I7] **Drury Court Hotel** €€, 28 Lower Stephen Street, www.drurycourthotel. com, Tel. 01 4751988. Um die Ecke von St. Stephen's Green bietet dieses Haus 42 luxuriös eingerichtete Zimmer.

143 [I6] **Fleet Street Hotel** €€, 19 Fleet Street, www.fleethoteltemplebar.com, Tel. 01 6708124. Im Zentrum von Temple Bar befindet sich dieses Haus mit 71 Zimmern.

144 [I9] **Harcourt Hotel** €€, 60 Harcourt Street, www.harcourthotel.ie, Tel. 01 4783677. In dem georgianischen Haus wohnte einmal der irische Dramatiker George Bernard Shaw, jetzt sind hier 51 modern eingerichtete Zimmer untergebracht.

145 [I4] **Hotel St. George** €€, 7 Parnell Square, Tel. 01 8745611, www.hotel-st-george.ie. 51 individuell eingerichtete Räume in einem Haus nahe dem Dublin Writers Museum.

Untere Kategorie

146 [I4] **Dergvale Hotel** €€, 4 Gardiner Place, www.dergvalehotel.com, Tel. 01 8744753. 17 Zimmer mit Bad im Zentrum der Stadt mit einem guten Preis-Leistungs-Verhältnis.

147 [M9] **Lansdowne Hotel** €€, 27 Pembroke Road, www.lansdownehotel.ie, Tel. 01 6682522. Freundliches Hotel in einem alten georgianischen Haus, das etwa zehn Minuten vom Zentrum entfernt ist.

Guesthouses

☎**148** [J5] **Abbott Lodge** €–€€, 87 Lower Gardiner Street, www.abbottlodge.com, Tel. 01 8365548. 29 Zimmer mit Bad, im Zentrum der Metropole gelegen.

☎**149** [J5] **Anchor Guesthouse** €, 49 Lower Gardiner Street, Tel. 01 8786913, www.anchorguesthouse.com. Von Grund auf restauriertes, zentral gelegenes, georgianisches Haus mit einem angebauten modernen Flügel und 22 Zimmern mit Bad.

☎**150** [J5] **An Glen Guesthouse** €–€€, 84 Lower Gardiner Street, Tel. 01 8551374, www.glenguesthouse.com. 15 Zimmer mit Bad in einem zentral gelegenen restaurierten Gebäude.

☎**151** [J5] **Celtic Lodge Guesthouse** €–€€, 81/82 Talbot Street, Tel. 01 8788810, www.celticlodge.ie. 29 Zimmer in einer schönen viktorianischen Residenz im Stadtzentrum.

☎**152** [K6] **O'Neill's Townhouse** €, 36 Pearse Street, www.oneillsdublin.com, Tel. 01 6714074. Acht gemütlich eingerichtete Zimmer über den Schankräumen des schönen viktorianischen Pubs O'Neill.

☎**153** [J5] **Othello House** €–€€, 74/75 Lower Gardiner Street, www.othellodublin.com, Tel. 01 8740225. 22 Zimmer mit Bad und nur wenige Schritte entfernt von der O'Connell Street im nördlichen Zentrum.

Hostels

☎**154** [I6] **Abbey Court** €, 29 Bachelors Walk, O'Connell Bridge, Tel. 01 8780700, www.abbey-court.com, 228 Betten.

☎**155** [I6] **Abigail's Hostel** €, 7–9 Aston Quay, Tel. 01 6779007, www.abigailshostel.com.

☎**156** [J5] **Abraham House** €, 82 Lower Gardiner Street, Tel. 01 8550600, www.abraham-house.ie, 213 Betten.

☎**157** [J6] **Ashfield House** €, 19/20 D'Olier Street, Tel. 01 6797734, www.ashfield-house.ie, 117 Betten.

☎**158** [H8] **Avalon House** €, 55 Aungier Street, www.avalon-house.ie, Tel. 01 4750001, 281 Betten.

☎**159** [I6] **Barnacles Temple Bar Hostel** €, 19 Temple Lane, Tel. 01 6716277, www.barnacles.ie, 149 Betten.

☎**160** [G7] **Four Courts Hostel** €, 15–17 Merchants Quay, Tel. 01 6725839, www.fourcourtshostel.com, 200 Betten.

☎**161** [F6] **Generator Hostel Dublin** €, Smithfield Square, Tel. 01 9010222, www.generatorhostels.com.

☎**162** [J5] **Globetrotters** €, 47/48 Lower Gardiner Street, Tel. 01 8735893, www.globetrottersdublin.com, 250 Betten.

☎**163** [I6] **Gogarty's International Hostel** €, 18–21 Anglesea Street, Tel. 01 6711822, www.gogartys.ie, 137 Betten.

☎**164** [J5] **Isaacs Hostel** €, 2–5 Frenchman's Lane, Tel. 01 8556215, www.isaacs.ie, 235 Betten.

☎**165** [K5] **Jacobs Inn** €, 21–28 Talbot Place, Tel. 01 8555660, www.jacobsinn.com, 295 Betten.

☎**166** [H7] **Kinlay House Hostel** €, 2–12 Lord Edward Street, Tel. 01 6796644, www.kinlaydublin.ie, 149 Betten.

☎**167** [I6] **Sky Backpackers – The Liffey** €, 2–4 Litton Lane, Tel. 01 8728389, www.skybackpackers.com, 96 Betten.

☎**168** [I5] **Marlborough Hostel** €, 81/82 Marlborough Street, Tel. 01 8747629, www.marlborough-hostel.com, 76 Betten.

▶ *Dublins modernstes Verkehrsmittel: die Luas-Straßenbahn*

Verhaltenstipps

Wer sich in Dublin **höflich, freundlich, zuvorkommend und zurückhaltend** präsentiert, wird als ausländischer Gast wie auch zu Hause respektiert. Smalltalk wird geschätzt und man kommt schneller als im deutschen Sprachraum mit Fremden ins Gespräch, was dann aber auch unverbindlicher ist, als es erscheint. Wenn jemand einem das Bier im Pub bezahlt, ist es üblich, diese Geste zu erwidern.

Verkehrsmittel

In Dublin operiert eine wahre **Armada an grünen Doppeldeckerbussen** und diese vielen öffentlichen Verkehrsmittel tragen mit zu den ständigen Staus im Stadtgebiet und auf den Ausfallstraßen bei. Die irische Metropole benötigt dringend eine U-Bahn, um dem Verkehrskollaps zu entgehen. Das **Dublin Bus Office** befindet sich in 59 Upper O'Connel Street und hier bekommt man kostenlose Broschüren über die einzelnen Linien.

Der **Fahrpreis** ist gestaffelt und richtet sich danach, wie viele Stationen man fährt. Die billigste Fahrt über drei Stationen kostet 1,20 €. Man muss den exakten Fahrpreis zur Hand haben und wirft das Geld beim Fahrer in eine Box. Wer mangels Kleingeld zu viel zahlen muss, erhält eine Quittung und kann den Restbetrag nur im Dublin Bus Office erstattet bekommen. Preiswertere Tages- und Wochenendtickets gibt es im o. g. Dublin Bus Office, Kinder zahlen die Hälfte. Die frühesten Busse starten wochentags bereits um 5.30 Uhr, gefahren wird bis 23 Uhr, samstags und sonntags nur 9–14 Uhr.

055du Abb.: fo © Airi Pung - Fotolia.com

Achtung: Die **Namen der Bushaltestellen** sind auf den Schildern äußerst klein gedruckt und nur schwer zu erkennen. Unkundige Besucher sollten daher den Fahrer bitten, die Station auszurufen, an der man aussteigen möchte.

Wichtig: An der Haltestelle ist es ratsam zu winken, wenn der Bus halten soll, ansonsten kann es vorkommen, dass dieser an einem vorbeirauscht.

❯ Infos: www.dublinbus.ie

Für einen effektiveren öffentlichen Nahverkehr besitzt Dublin seit 2004 **zwei Straßenbahnlinien.** Die Niederflurwagen werden „**Luas**" genannt, ein gälisches Wort, das Geschwindigkeit bedeutet. Die **Green Line** verkehrt vom St. Stephen's Green ❶ in einem 5- bis 15-minütigen Takt und führt über 13 Stationen bei einer Fahrzeit von 22 Minuten in den Südosten der Metropole bis nach Sandyford. Die **Red Line** hat ihren Startpunkt am Bahnhof Conolly Station [K/L4], verkehrt in einem einheitlich 10-minütigen Takt und führt über 23 Stationen mit einer Fahrtzeit von 43 Minuten in den Südwesten nach Tallaght. Beide Linien haben keine Verbindung miteinander. Die Green Line wurde so konzipiert, dass die Streckenführung bei Bedarf in eine U-Bahn umgewandelt werden kann.

Da Luas **wie das englische „Lewis" ausgesprochen** wird, haben die Dubliner ihre neuste Errungenschaft mit dem Spitznamen „Jerry Lee" versehen, in Anlehnung an den amerikanischen Musiker Jerry Lee Lewis. An jeder Haltestelle befinden sich selbsterklärende Ticketautomaten, an denen man Fahrscheine ziehen kann.
› Infos: www.luas.ie

Der **Dublin Area Rapid Transport**, kurz nur „DART" genannt, ist eine Zuglinie, die im Norden vom Örtchen Malahide bis in den Süden zum Städtchen Greystones im County Wicklow verkehrt. Im Zentrum von Dublin sorgen die Connolly Station [K4] nördlich des River Liffey und die Pearse Station [K7] südlich des Liffey für einen Zugang zum DART. Die Züge fahren alle 10 bis 20 Minuten Mo.–Sa. 6.30–24 Uhr, So. in einer reduzierten Taktfrequenz.

Taxis stehen an festen Haltepunkten in der ganzen Stadt oder patrouillieren auf der Suche nach Fahrgästen durch die Straßen und können auf Handzeichen angehalten werden. Es gibt zwei Arten von Taxis: Zum einen solche, die auch Taxis genannt werden und die als solche gekennzeichnet sind. Diese kann man überall anhalten. **Hackney cabs** kann man hingegen nur per Telefon oder direkt bei der Hackney-Firma buchen. Häufig

haben sie kleine Büros in der Stadt und Telefonnummern hängen oft in Pubs, Hotels und Hostels aus. Während normale Taxis eine Zähluhr und einen festen Minutenpreis haben, gibt es bei Hackney Cabs entweder Festpreise oder man kann den Preis aushandeln. Über die Telefonnummer 01 8727272 können die Taxis der Firma City Cabs angefordert werden.

Wetter und Reisezeit

In Irland herrscht atlantisches Klima, das sich durch relativ **milde Winter und kühle Sommer** auszeichnet. Der fast immer vorherrschende Westwind treibt die feuchten ozeanischen Wolkenmassen an die Westküste, wo sie an den Berghängen ihre Schleusen öffnen und als Steigungsregen ergiebige Wassermengen über das Land fluten lassen. Rund 4000 mm Niederschlag fällt im rauen Westen Irlands, wesentlich trockener ist die Ostküste, an der auch die irische Hauptstadt liegt, die mit rund 1000 mm gerade einmal ein Viertel der Regenmenge aufweisen kann. Als Faustregel gilt: Wenn es im Westen regnet, ist es im Osten trocken und umgekehrt.

Da also die Temperaturunterschiede nicht besonders dramatisch ausfallen und sich im Normalfall im moderaten Bereich bewegen, ist Dublin ein echtes **Ganzjahresziel**.

Anhang

Kleine Sprachhilfe

Die folgenden Wörter und Redewendungen wurden dem Reisesprachführer „**Englisch – Wort für Wort**" (Kauderwelsch-Band 64) aus dem REISE KNOW-HOW Verlag entnommen.

Häufig gebrauchte Wörter und Redewendungen

Zahlen

1	(wann)	one
2	(tuh)	two
3	(ðrih)	three
4	(fohr)	four
5	(feiw)	five
6	(ßikß)	six
7	(ßäwèn)	seven
8	(äit)	eight
9	(nein)	nine
10	(tänn)	ten
11	(ihläwèn)	eleven
12	(twälw)	twelve
13	(ðörtihn)	thirteen
14	(fohrtihn)	fourteen
15	(fifftihn)	fifteen
16	(ßikßtihn)	sixteen
17	(ßäwèntihn)	seventeen
18	(äitihn)	eighteen
19	(neintihn)	nineteen
20	(twänntih)	twenty
30	(ðörtih)	thirty
40	(fohrtih)	forty
50	(fifftih)	fifty
60	(ßikßtih)	sixty
70	(ßäwèntih)	seventy
80	(äitih)	eighty
90	(neintih)	ninety
100	(hanndrid)	hundred

Die wichtigsten Zeitangaben

yesterday	(jäßtèrdäi)	gestern
today	(tuhdäi)	heute
tomorrow	(tuhmohrrou)	morgen
last week	(lahßt wihk)	letzte Woche
every day	(äwwrih dä)	täglich
in the morning	(in ðè mohrning)	morgens
in the afternoon	(in ðih_ ahftèrnuhn)	nachmittags
in the evening	(in ðih_ ihwèning)	abends
early	(öhrlih)	früh
late	(läit)	spät
on time	(on teim)	pünktlich
now	(nau)	jetzt
soon	(suhn)	bald
never	(näwwèr)	nie

Die wichtigsten Fragewörter

who?	(huh)	wer?
what?	(wott)	was?
where?	(wäèr)	wo?/wohin?
why?	(wei)	warum?
how?	(hau)	wie?
how much?	(hau matsch)	wie viel? (Menge)
how many?	(hau männih)	wie viele? (Anzahl)
when?	(wänn)	wann?
how long?	(hau long)	wie lange?

Die wichtigsten Richtungsangaben

on the right	(on ðè reit)	rechts
on the left	(on ðè läfft)	links
to the right	(tuh ðè reit)	nach rechts
to the left	(tuh ðè läfft)	nach links
turn right	(törn reit)	rechts abbiegen
turn left	(törn läfft)	links abbiegen
straight on	(ßträjt on)	geradeaus
in front of	(in front_off)	gegenüber
outside	(autseid)	außerhalb
inside	(inseid)	innerhalb
here	(hi-èr)	hier
there	(ðäèr)	dort
up there	(ap ðäèr)	da oben
down there	(daun ðäèr)	da unten
nearby	(nihrbei)	nah, in der Nähe
far away	(fahr èwäi)	weit weg
round the corner	(raund ðè kohrnèr)	um die Ecke

Die wichtigsten Floskeln und Redewendungen

yes	(jäß)	ja
no	(nou)	nein
Thank you!	(ðänk_juh)	Danke!
please	(plihs)	bitte
Good morning!	(gudd mohrning)	Guten Morgen!
Good evening!	(gudd ihwèning)	Guten Abend!
Hello!/Hi!	(hällou/hei)	Hallo!
How are you?	(hau ah juh)	Wie geht es Ihnen/dir?
Fine, thank you.	(fein ðänk_juh)	Danke gut.
Good bye!	(gudd bei)	Auf Wiedersehen!
Have a good day!	(häw_è gudd däi)	Einen schönen Tag!
I don't know.	(ei dount nou)	Ich weiß nicht.
Cheerio!	(tschihrio)	Prost!
The bill, please.	(ðè bill plihs)	Die Rechnung, bitte!
Congratulations!	(kongrätjuläischènß)	Glückwunsch!
Excuse me!	(ikßkjuhs mih)	Entschuldigung!
I'm sorry.	(eim ßorrih)	Tut mir Leid!
It doesn't matter.	(itt dahsnt mättèr)	Das macht nichts.
What a pity!	(wott_è pittih)	Wie schade!

Die wichtigsten Fragen

Is there a/an ... ?	(is ðäèr è/ènn ...)	Gibt es ...?
Do you have ... ?	(duh juh häw ...)	Haben Sie ...?
Where is/are ... ?	(wäèr is/ah ...)	Wo ist/sind ... ?
Where can I ... ?	(wäèr kähn_ei)	Wo kann ich ... ?
How much is it?	(hau matsch is_itt)	Wie viel kostet das?
What time?	(wott teim)	Um wie viel Uhr?
Can you help me?	(kähn juh hällp mih)	Können Sie mir helfen?
Is there a bus to ... ?	(is ðäèr è_baß tuh ...)	Gibt es einen Bus nach ...?
How are you?	(hau ah juh)	Wie geht es dir/Ihnen?
What's your name?	(wotts juhr näim)	Wie heißt du/heißen Sie?
How old are you?	(hau ould ah juh)	Wie alt bist du/sind Sie?
Where do you come from?	(wär duh juh kamm fromm)	Woher kommen Sie?
Excuse me?	(ikßkjuhs mih)	Wie bitte?

Nichts verstanden? – Weiterlernen!

I don't speak English.	(ei dount spihk in-glisch)	Ich spreche kein Englisch.
Pardon?	(pahdèn?)	Wie bitte?
I don't understand.	(ei dount andèrständ)	Ich habe nicht verstanden.
Do you speak German?	(duh juh spihk dschörmèn?)	Sprechen Sie Deutsch?
How do you say that in English?	(hau duh juh säi ðät in in-glisch?)	Wie heißt das auf Englisch?
What does it mean?	(wott dahs_itt mihn?)	Was bedeutet das?
Would you please repeat!	(wudd juh plihs rihpiht!)	Wiederholen Sie bitte!
Could you please write it down?	(kudd juh plihs reit itt daun?)	Könnten Sie das bitte aufschreiben?

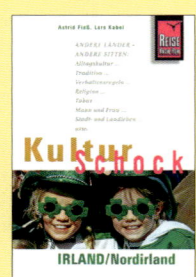
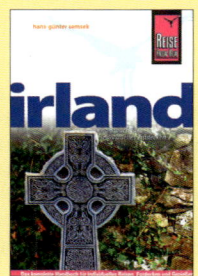

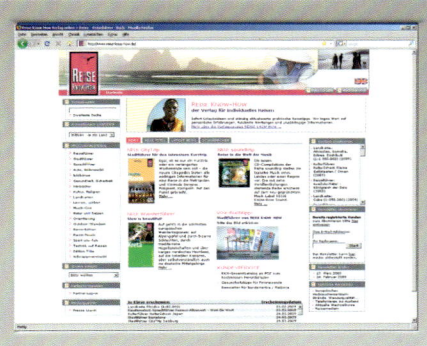

Register

Der Autor

Hans-Günter Semsek studierte Soziologie und Philosophie, darunter auch ein Semster an der University of London, genauer der London School for Oriental and African Studies, war danach mehrere Jahre wissenschaftlicher Mitarbeiter an der Universität Bielefeld (Fakultät für Soziologie) und arbeitete in dieser Zeit zwei Jahre in Ägypten in einem sozialwissenschaftlichen Forschungsprojekt.

Nach seiner akademischen Karriere verdingte sich Semsek mehrere Jahre als Lektor in einem großen Kunst- und Reisebuchverlag. Darauf arbeitete er als freier Journalist und Buchautor in Köln. Er hatte seit mehreren Jahrzehnten Erfahrung mit Irland und den Britischen Inseln. Hans-Günter Semsek verstarb im Jahr 2011.

Redakteure dieser Auflage

Astrid Fieß und Lars Kabel studierten neben Anglistik (A. F.) und Europäischer Ethnologie (L. K.) auch Deutsche Sprachwissenschaft und Keltologie (die Philologie des Gälischen, Walisischen und Bretonischen) an der Universität Freiburg, Keltologie studierten sie außerdem an irischen Universitäten.

Sie lebten und arbeiteten lange Zeit in Irland und wohnen inzwischen in Birmingham, Großbritannien, wo sie als Lehrer für Fremdsprachen im Sekundarschulbereich arbeiten. Beide Autoren haben mehrere Aufsätze zu irischen Themen veröffentlicht. Im REISE KNOW-HOW Verlag erschien von Lars Kabel der Sprachführer „Irisch-Gälisch Wort für Wort" und von beiden Autoren gemeinsam der Kulturschock „Irland/Nordirland".

Schreiben Sie uns

Dieser CityTrip-Band ist gespickt mit Adressen, Preisen, Tipps und Infos. Nur vor Ort kann überprüft werden, was noch stimmt, was sich verändert hat, ob Preise gestiegen oder gefallen sind, ob ein Hotel, ein Restaurant immer noch empfehlenswert ist oder nicht mehr usw. Unsere Autoren sind zwar stetig unterwegs und erstellen alle zwei Jahre eine komplette Aktualisierung, aber auf die Mithilfe von Reisenden können sie nicht verzichten.

Darum: Schreiben Sie uns, was sich geändert hat, was besser sein könnte, was gestrichen bzw. ergänzt werden soll. Wenn sich die Infos direkt auf das Buch beziehen, würde die Seitenangabe uns die Arbeit sehr erleichtern. Gut verwertbare Informationen belohnt der Verlag mit einem Sprechführer Ihrer Wahl aus der über 220 Bände umfassenden Reihe „Kauderwelsch".

Bitte schreiben Sie an:
REISE KNOW-HOW Verlag Peter Rump GmbH, Postfach 140666, D-33626 Bielefeld, oder per E-Mail an: info@reise-know-how.de

Danke!

Latest News

Unter **www.reise-know-how.de** werden aktuelle Ergänzungen und Änderungen der Autoren und Leser zum vorliegenden Buch bereitgestellt. Sie sind auf der Produktseite dieses CityTrip-Titels abrufbar.

Cityatlas

010du Abb.: ti

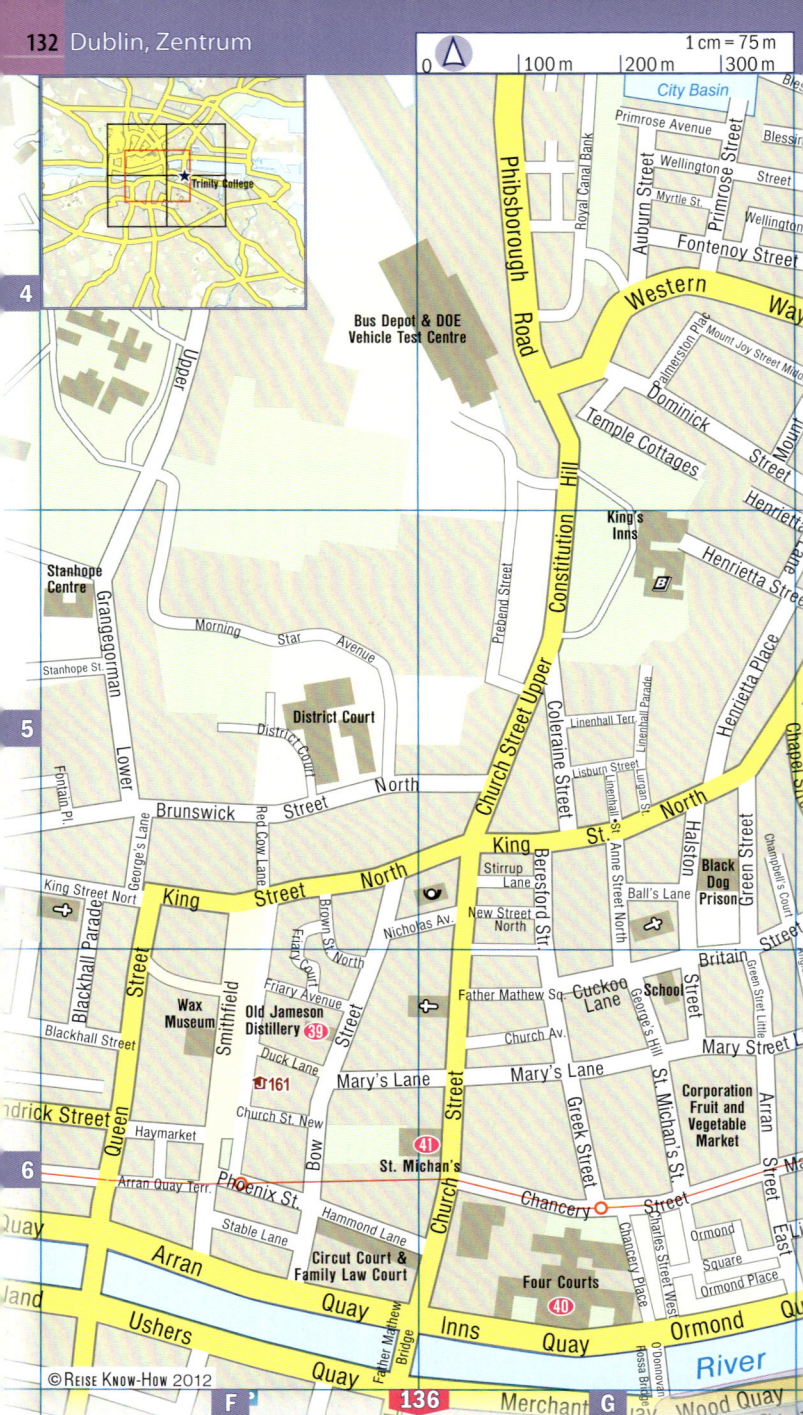

Blessington Street
St Joseph's Place
Nerney's Court
Children's University Hospital
Temple Street
Mount Joy Sq. West
Blessington Place
Upper
Hardwicke Lane
Blessington Lane
Crossacre Comm. Training Cen.
Blessington Lane
Gardiner Place
Grenville Lane
Belvedere College
146
Upper Youth Hostel
Wellington Street Lower
Frederick Street North
Bath Lane
Hardwicke Street
Denmark Street Great
Grenville Street
St. Mary's Av. North
Paradise Place
141
Frederick Court
Rutland
North Great George's Street
Hill
Black Church
School
Bethesda
Granby Row
Frederick Lane North
Dublin Writer's Museum
36
51
James Joyce Cen.
38
17
37
Parnell Square North
Garden of Remembrance
35
Gate Theatre
104
145
Rutland Place
Britain
134
Dorset Street
Granby Lane
Granby Place
Parnell Square West
Ambassador Theatre
84
Parnell
Marlborough
St. Saviour's
Dominick Place
Rotunda Hospital
86
O'Connell
Findlater Place
136
Brugha Street
Bolton Street
Dominick Street Lower
Kings Inns Street
Dominick Lane
School
School
133
Cathal
Dublin Inst. of Technology
Thomas Street
Institute of Techn.
O'Rahilly Parade
121
Dublin Tourism
34
St. Mary's Pro-Cathedral
168
Chapel Street
Loftus Lane
Parnell
Street
Moore
Lane
Street
Cathedral Street
Cinema
Marlborough
Parnell Centre
Jervis Med. Cen.
3
12
Henry Lane
71
The Dublin Spire
Earl Street North
Cen. Library
Sampsons Lane
8
32
Jervis Lane
ILAC
2
Centre
Henry
Street
General
Post Office
30
33
49
Earl Place
Wolfe Tone Street
Jervis
109
Street
Prince's
32
125
123
St. Mary's
Jervis Shopping Centre
Proby's Lane
Arnotts
99
56
Middle
O'Connell Street Lwr.
75
Liffey Street Upp.
Hotel Yard
Abbey
Street
Daniel O'Connell Memorial
Mary
Street
Upper
Liffey Street Lwr.
167
139
62
154
54
Lotts
Street North
Sackville
Mary's Abbey
Byrnes Lane
Upper
Abbey
Bachelors
Walk
135
Strand
Street
Great
41
34
Lower
Quay
Aston Quay
Price's
80
Strand St
Ormond
Quay
Upper
Crampton Quay
155
Bedford Lane
Adair Lane
143
Westmoreland Street
Essex Quay
Wellington
Quay
East
126
48
92
110
Temple
Bar
Fleet
Street
79
Liffey
137
106
64
14
81
37
97
159
29
163
Bank of Ireland
4
137
H
I

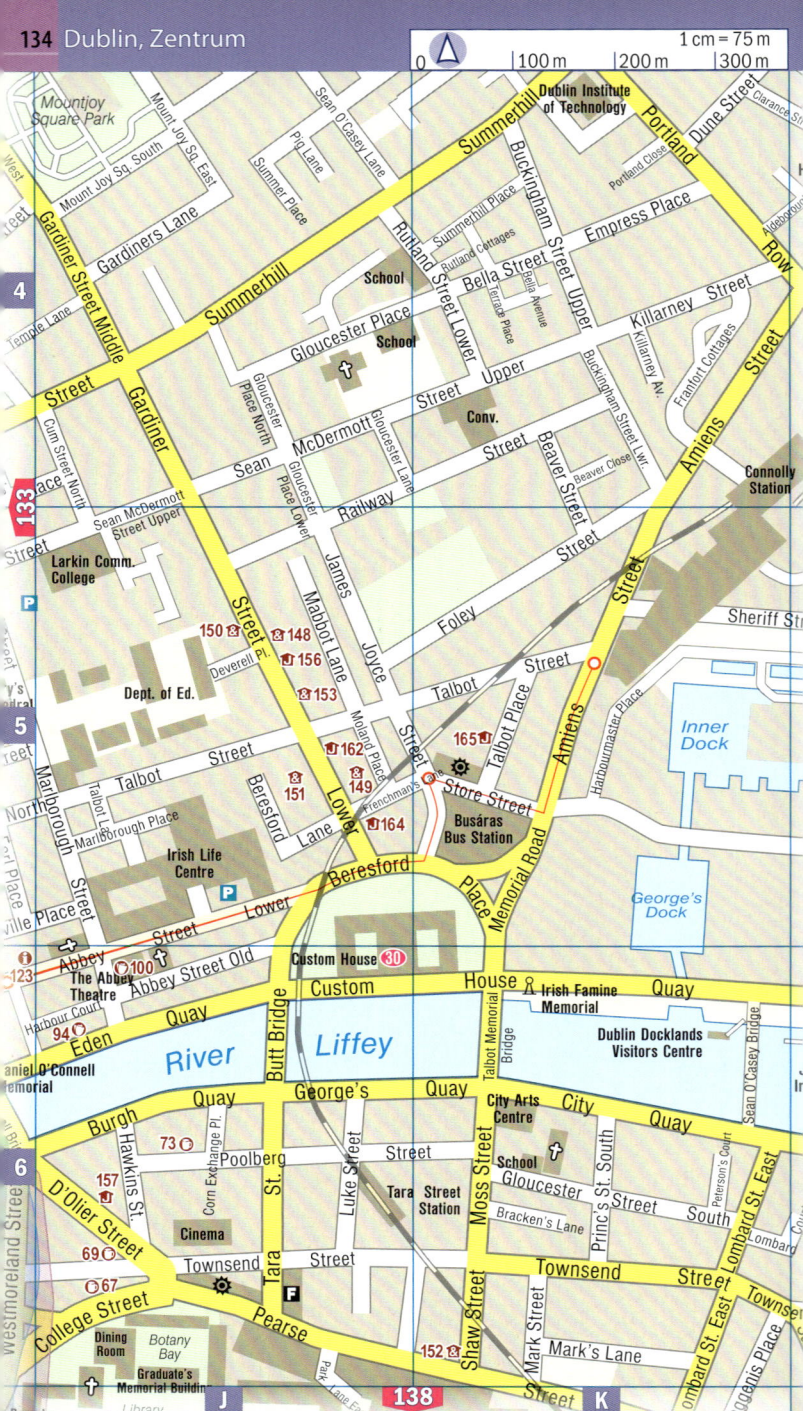

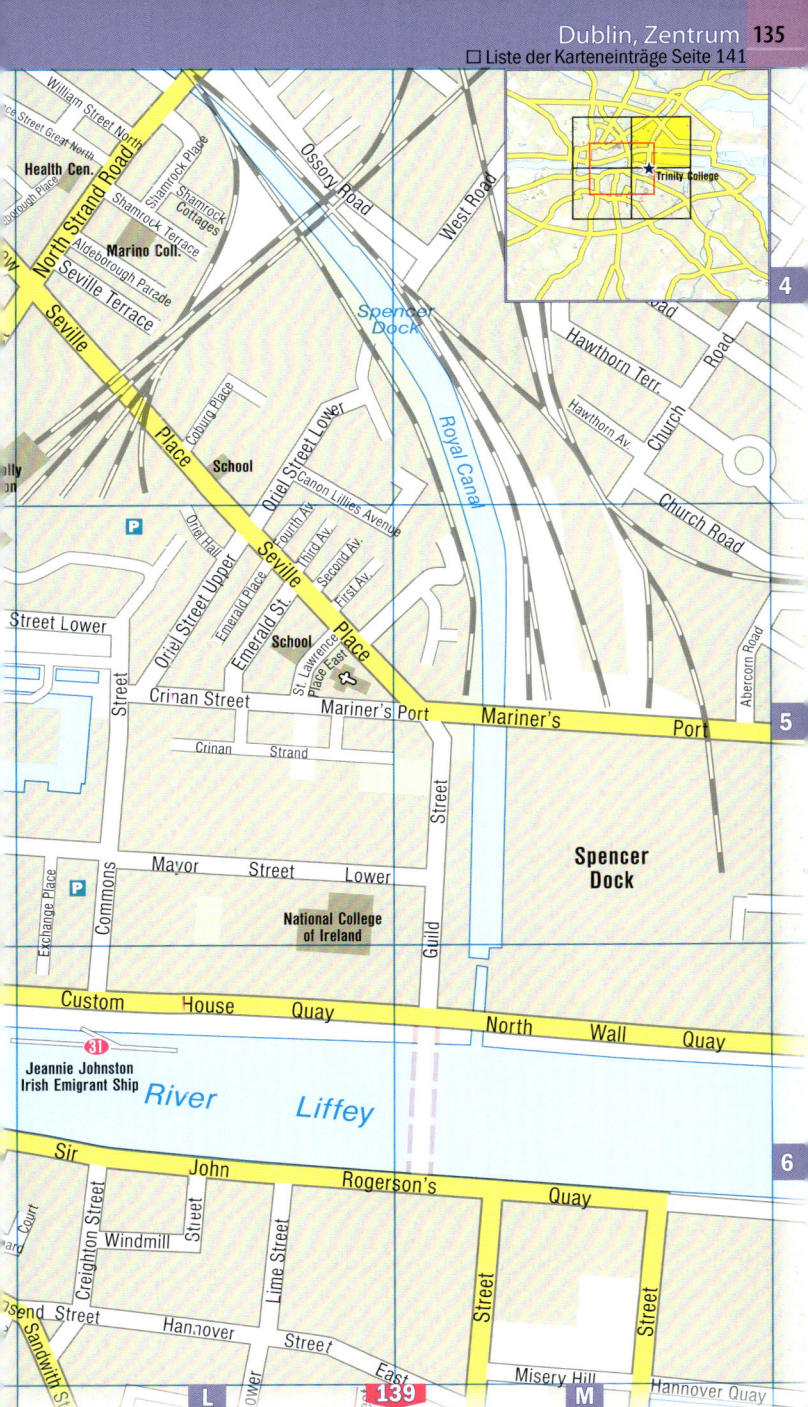

William Street North

Health Cen.

North Strand Road

Shamrock Place
Shamrock Cottages
Shamrock Terrace
Aldeborough Parade

Marino Coll.

Seville Terrace

Seville Place

Ossory Road

West Road

4

Trinity College

Spencer Dock

Hawthorn Terr.

Hawthorn Av.

Church

Coburg Place

School

Oriel Street Lower

Canon Lillies Avenue

Royal Canal

Church Road

5

P

Oriel Hall

Oriel Street Upper

Seville Place

Fourth Av.
Third Av.
Second Av.
First Av.

Emerald Place

Emerald St.

School

St. Lawrence
Place East

Abercorn Road

Street Lower

Street

Crinan Street

Mariner's Port

Mariner's   Port

Crinan   Strand

Street

P

Mayor   Street   Lower

Spencer Dock

Exchange Place

Commons

National College of Ireland

Guild

Custom   House   Quay

North   Wall   Quay

6

31

Jeannie Johnston
Irish Emigrant Ship

River   Liffey

Sir   John   Rogerson's   Quay

Ceighton Street

Windmill

Street

Lime Street

Street

Street

Creighton Court

send   Street

Hannover   Street   East

Misery Hill

Hannover Quay

Sandwith

ower

L

139

M

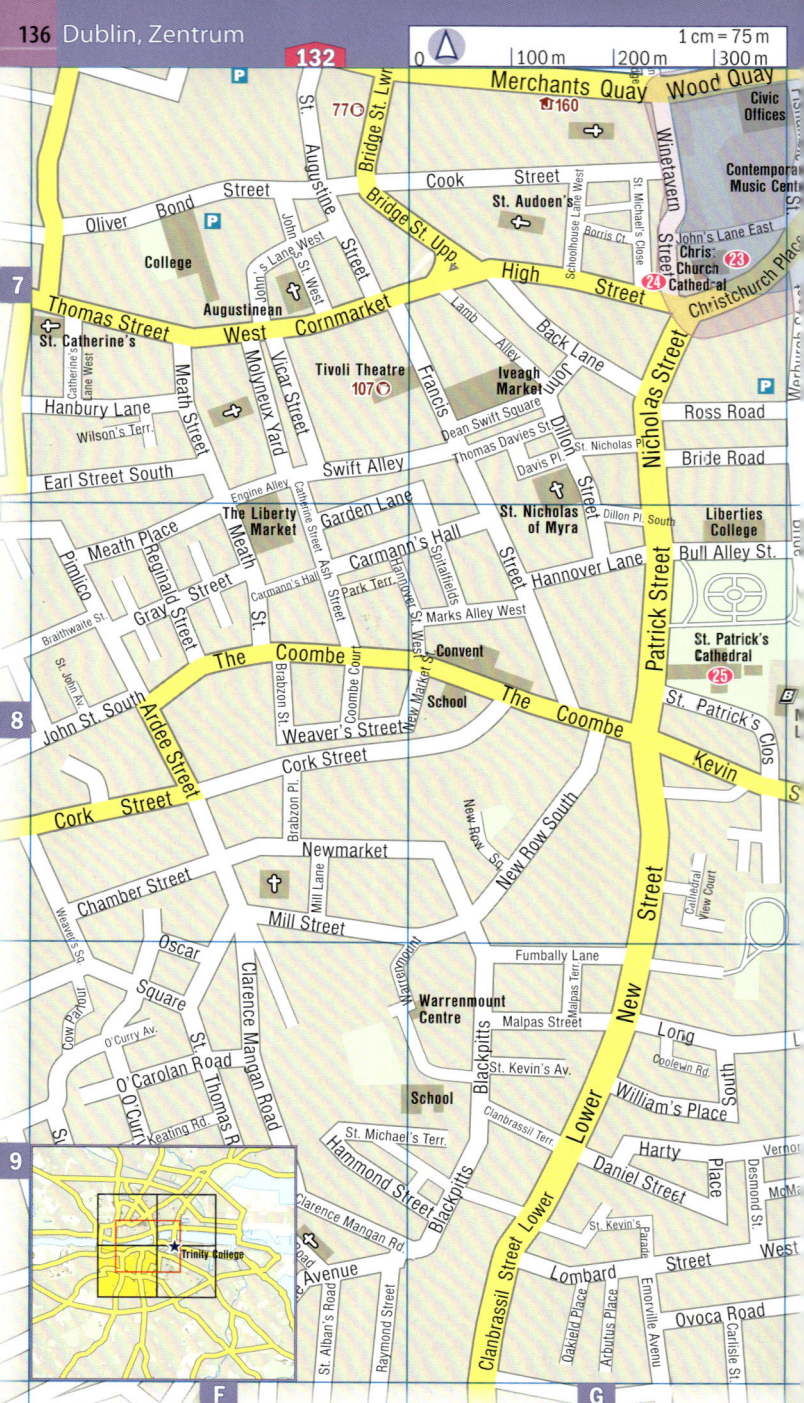

1 cm = 75 m

0 100 m 200 m 300 m

132

St.

Augustine

Bridge St. Lwr

Bridge St. Upp

Merchants Quay

Wood Quay

Winetavern Street

Civic Offices

Contemporal Music Centr

77

160

Cook Street

St. Audoen's

St. Michael's Lane West

Borris Ct.

Schoolhouse Lane West

St. Michael's Close

John's Lane East

Chris Church Cathedral

23

Oliver Bond Street

College

John Street West

John's Lane West

John St. West

Augustinean

Cornmarket

High Street

24

Christchurch Place

7

Thomas Street West

St. Catherine's

Catherine St. West

Meath Street

Vicar Street

Molyneux Yard

Lamb Alley

Francis Street

Tivoli Theatre

107

Iveagh Market

Tudor Street

Back Lane

Nicholas Street

Ross Road

Bride Road

Hanbury Lane

Wilson's Terr.

Dean Swift Square

Thomas Davies St.

St. Nicholas St.

Davis Pl.

Dillon Street

Earl Street South

Swift Alley

St. Nicholas of Myra

Dillon Pl. South

Liberties College

Bull Alley St.

Engine Alley

The Liberty Market

Garden Lane

Catherine Street

Ash Street

Spitalfields

St. Marks Alley West

Hannover Lane

Patrick Street

St. Patrick's Cathedral

25

Pimlico

Meath Place

Reginald Street

Meath St.

Gray Street

Carmann's Hall

Park Terr.

New Market West

Convent

School

The Coombe

B

8

Braithwaite St.

St. John St.

St. John St. South

John St. South

Ardee Street

Brabzon St.

Coombe Court

Weaver's Street

New Market

The Coombe

St. Patrick's Clos

L

Cork Street

Cork Street

Brabzon Pl.

Cork Street

Kevin Street

New Row Sou

New Row South

Chamber Street

Newmarket

Mill Lane

Mill Street

Weaver's Sq.

Cathedral View Court

9

Oscar Square

Cow Parlour

O'Curry Av.

Clarence Mangan Road

Warrenmount

Warrenmount Centre

Malpas Street

Fumbally Lane

Malpas Lane

Blackpitts

St. Kevin's Av.

New Street

Long Lane

Coolewin Rd.

William's Place

O'Carolan Road

Keating Rd.

St. Thomas Rd.

O'Curry Rd.

School

Clanbrassil Terr.

Harty Place

Daniel Street

Vernon

Desmond St.

St. Michael's Terr.

Hammond Street

Clarence Mangan Rd.

Blackpitts

St. Kevin's Parade

Lombard Street

Long Place

Ocoa Road

Trinity College

St. Alban's Road

Avenue

Raymond Street

Clanbrassil Street Lower

Oakfield Place

Arbutus Place

Emorville Avenu

Carlisle

West

F G

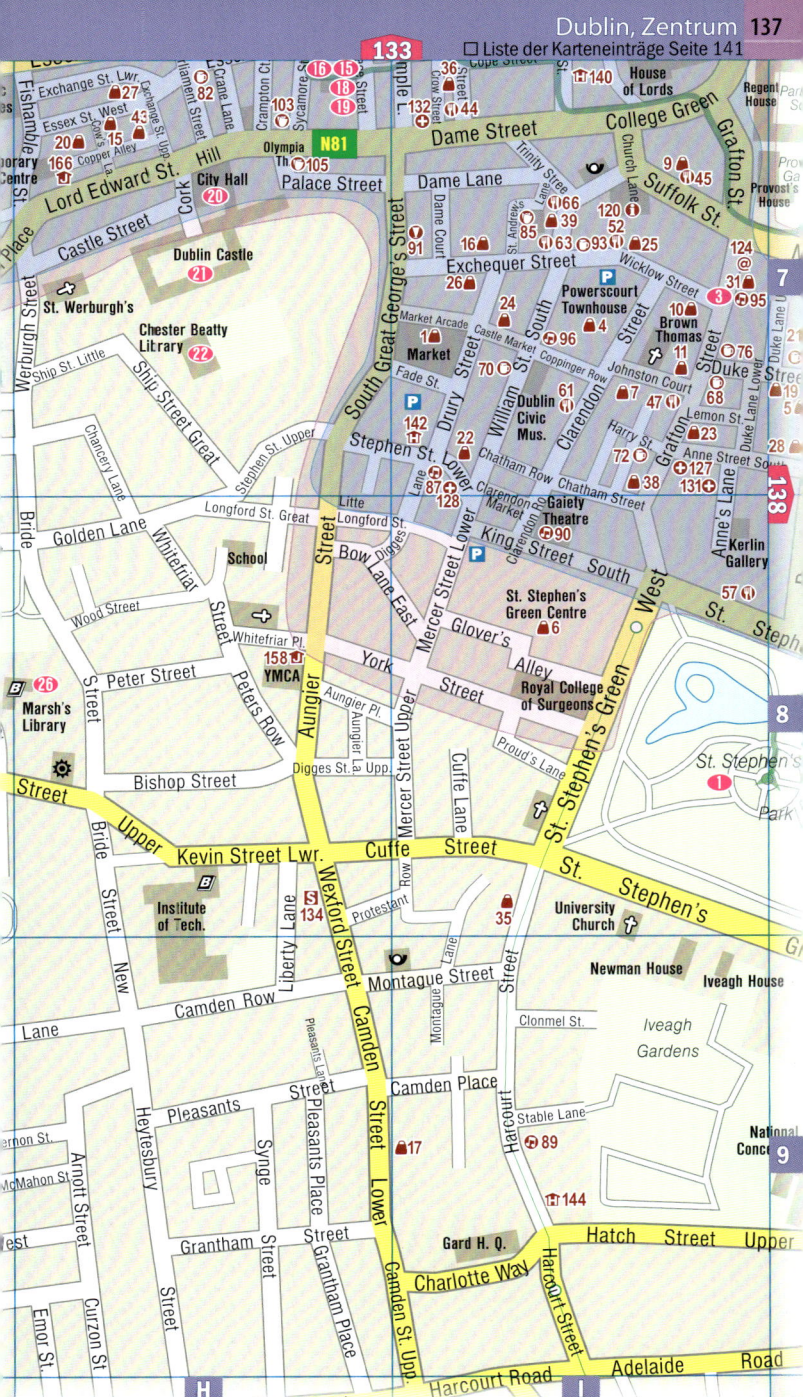

1 cm = 75 m

0   100 m   200 m   300 m

134

Memorial Building

Regent House

Parliament Square

Library Square

New Square

Street

Lom

Magge

Exam Hall

Old Library (Book of Kells)

Trinity

5

Provost's Garden

Reading Room

Museum Building

College

Provost's House

Douglas Hyde Gallery

111

Dublin Experience

Berkeley Library

B

College Park

Dental School & Hospital

Westland

Row

Pearse Station

Cumberland Street South

School

Boyne S

Boyne Lane

24

Nassau

7

Street

₤95

Duke Lane Upper

21

78

33

Dawson Lane

53

Frederick St. South

Nassau Pl.

40

Street

Leinster St. South

Lincoln

Place

Fenian S

Merrion Square Nor

76

Street

19

5

88

Setanta Place

Heraldic Mus.

Millennium Wing

Leinster Lane

Clare Street

Clare Lane

Oscar Wilde House

6

Denzil

28

Molesworth Street

Street

9

National Library

National Gallery

7

Dawson

St. Ann's

Moles worth Pl.

P

Leinster House

10

Merrion Street Upper

Merrion Square West

Merrion Square Park

137

berlin allery

School House Lane East

11

National Museum

Natural History Museum

8

Merrion Place

Merrion Square South

12

Mansion House

65

138

58

Kildare

Government Buildings

13

Merrion

60

78

Stephen's Green

North

Huguenot Cemetery

8

ephen's Green

Wolf Tone Monument

Merrion

Row

Fitzwilliam

Lane

Bagotrath Pl.

Fitzwilliam Street Lwr

Park

46

74

Hume Street

St. Stephen's Green East

Ely Place

Bell's Lane

Roger's Lane

Windsor Pl.

Baggot

Pembroke St. Lower

Fitzw. St. Upper

83

59

Street

Baggot Court

Skin & Cancer Hospital

RHA Gallagher Gallery

14

50

Green South

Leeson Lane

Quinns Lane

Mackies Place

Pembroke Lan

Hagan's

h House

Leeson

Terrace

School

Fitzw. Sq. West

Fitzwilliam Sq. North

Fitzwilliam Square Park

Fitzw. St. Upper

Pembroke

Lane

National rt Hall

9

108

Earlsfort

Leeson

Street

Lower

Pembroke St. Upp.

102

Pembroke Pl.

Fitzw. Sq. South

Fitzw. Sq. East

Kingram Lane

Clove

Leeson

Lad

Place

Wilton

Upper

Hatch

Street

Hatch Lane

Royal Victoria Eye & Ear Hospital

Fitzwilliam Place

Cumberland Rd.

Lad Lane Upp.

Wilton

Earlsfort Terrace

hatch Place

Road

Mespil

Adelaide Road

J

K

135

Hannover Quay

Pearse House
Sandwith Pl.

Pearse Square West
Pearse Sq. North
Byrne's Lane
Pearse Sq. East

Cardiffs

Forbes

Pearse

Street Lower

Sandwith Street Upper

Erne Street Low

Erne Street Upper

B

Erne Ter. Front
Erne Ter. Rear

Street

42

Ringsend Road

7

School

Tower Craft
Centre

Waterways
Visitor Centre

Street

Bass Place

Boyne St.

Erne Place Lt.

Row

Great Clarence Pl.

Harmony

Railway Terr.

Greenore Terr.

Trinity College
Enterprise Cen.

Macken

Grand

Quay

Canal

Street

Erne

Hogan Terr.

Hogan

Place

Holles Row

Meades Terr.

Grand

Canal

Street

Lower

Barrow Station

Barrow Street

8

Holles

**National Maternity
Hospital**

Grant's Row

Grattan Street

Albert Pl East

Albert Court

Love Lane East

Clanwilliam Place

Estate Cottages

122

Mount

Merrion Square East

Stephen's Place

Street

Verschoyle Place

Stephens Lane

Lower

No. 29

Mount

Street

Upper

Warrington Lane

Powers Court

Warrington Place

Percy

Place

Percy Lane

Cranmer Lane

9

James's Street East

James's Place East

St. Stephen's

Herbert

Lane

School

Herbert

Herbert

Place

Grand Canal

Percy

Place

Road

Haddington Place

School

St. Mary's Lane

Trinity College

Lower

's Court

ke Row

Haddington

Baggot Street
Comm. Hospital

East Moreland Lane

School

Terrace

Road

Fleming

Baggot Street Upper

Waterloo Rd.

East Moreland Pl.

St.

129

Pemb

147

©Reise Know-How 2012

L

M

Dublin, Umgebung

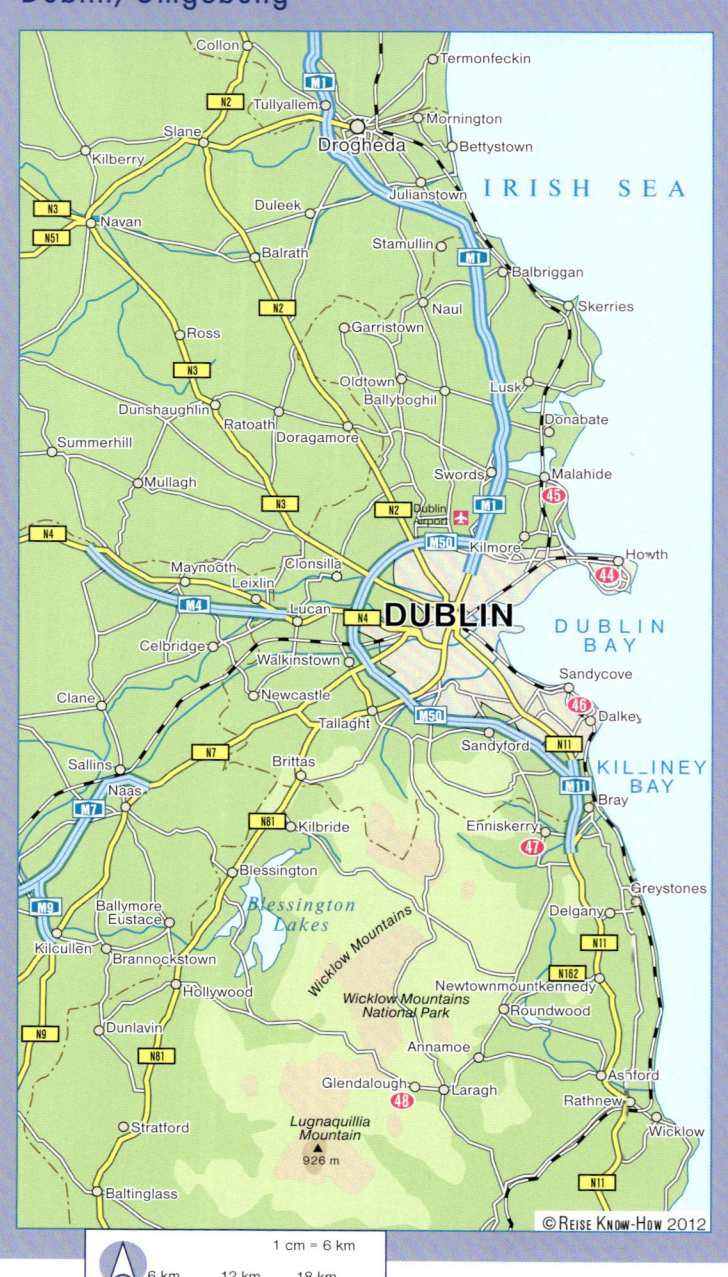

IRISH SEA

DUBLIN

DUBLIN BAY

KIL_INEY BAY

Blessington Lakes

Wicklow Mountains

Wicklow Mountains National Park

Lugnaquillia Mountain 926 m

©REISE KNOW-HOW 2012

1 cm = 6 km

6 km   12 km   18 km

Liste der Karteneinträge

Liste der Karteneinträge

Hier nicht aufgeführte Nummern liegen außerhalb der abgebildeten Karten. Ihre Lage kann aber wie bei allen Ortsmarken im Buch mithilfe unserer Kartenansichten unter Google Maps™ gefunden werden (s. S. 144).

Zeichenerklärung

⓫	Hauptsehenswürdigkeit
[K8]	Verweis auf Planquadrat im Cityatlas/-faltplan
⊕	Arzt, Apotheke, Krankenhaus
❶	Bar, Bistro, Klub, Treffpunkt
🏠	Bed and Breakfast
▣	Bibliothek
♀	Botanischer Garten
☕	Café
⚠	Camping
🏛	Denkmal
🎨	Galerie
🛍	Geschäft, Kaufhaus, Markt
🏨	Hotel, Unterkunft
🍴	Imbiss
❶	Informationsstelle
@	Internetcafé
🏚	Jugendherberge, Hostel
⛪ ✝	Kirche
🏛	Museum
🎵	Musikszene, Disco
🅿	Parkplatz
✹	Polizei
✉ ✆	Postamt
⦿	Pub, Kneipe
🍽	Restaurant
🅂	Sport-/Spieleinrichtung
●	Sonstiges
○	Theater, Zirkus
⚕	Tierpark, Zoo
❶	Weinstube
—O—	Luas, Green Line (Straßenbahn)
—O—	Luas, Red Line
▬▬	Stadtspaziergang (s. S. 14)
⬭	Shoppingareale
⬭	Gastro- und Nightlife-Areale

Mit PC, Navi, iPhone & Co.

Als **kostenlosen Begleitservice** stellen wir unter **www.reise-know-how.de** auf der Produktseite dieses Titels folgende Daten und Anwendungen bereit.

★ **Alle Ortsmarken des Buches unter Google Maps™:** Springen Sie im Internet direkt aus unseren thematischen Listen an den genauen Punkt auf der Karte. Luftbildansichten, Fotos und die Streetview-Funktion zeigen ein genaues Bild des Objektes und seiner Umgebung. Weitere Funktionen wie Routenplaner und Verkehrsplan erleichtern die Orientierung vor Ort. Nutzbar auf allen Geräten mit Internetbrowser und permanentem Internetzugang.

★ **Faltplan als PDF mit Geodaten:** Nach dem Speichern auch mobil nutzbar auf allen Geräten mit PDF-Reader. Der aktuelle Acrobat Reader™ stellt Zusatzfunktionen für die Geodaten bereit. Für iPhone/iPad empfiehlt sich die App „PDF Maps" von Avenza™.

★ **GPS-Daten aller Ortsmarken:** einfacher Import in GPS-Geräte, Navis und Geosoftware auf PCs und mobilen Geräten

★ **Kapitel „Praktische Reisetipps" als PDF:** Nach dem Speichern auch mobil nutzbar auf allen Geräten mit PDF-Reader.

Darüber hinaus kann das Buch insgesamt oder eine persönliche **Auswahl einzelner Seiten als PDF käuflich erworben** werden. Nach dem Speichern auch mobil nutzbar auf allen Geräten mit PDF-Reader.

Aktuelle Tipps und Hilfe unter:
www.reise-know-how.de